산승일기

산승일기

산승일가

초판 1쇄 발행 · 2000년 5월 22일(증보초판) | 초판 2쇄 발행 · 2008년 11월 4일 | 지은이 · 지묵
펴낸이 · 김동금 | 펴낸곳 · 우리출판사 | 주 소 · 서울특별시 서대문구 충정로3가 1-38호
전화 · (02) 313-5047 5056 | 팩스 · (02) 393-9696 | E-mail · woribook@chol.com
ⓒ 지묵 2000, Printed in Korea | 등록 · 제9-139호 | ISBN 978-89-7561-127-8 03810
가격. 10,000원

* 잘못 제작된 책은 교환해 드립니다.

산승일기

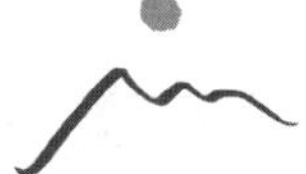

글머리에

나의 출가 본사인 송광사(松廣寺)는 청렴결백의 상징인 전라남도 순천(順天)시에 자리한 유서 깊은 신라 고찰이다. 〈팔마(八馬)〉의 이야기는 순천에 한 청렴결백한 관리가 있어 말 새끼까지도 돌려보냈다는 일화에 근거를 두고 있다. 여덟 마리 어미 말은 순천 사람들이 최석(崔碩)이란 관리의 선정(善政)에 대한 답례로 올린 선물이었다.

청렴결백한 관리 최석이 퇴직을 하고 순천을 떠날 때였다. 이때 말 어미 여덟 마리를 선물로 올렸는데 도중에 새끼도 한 마리를 낳았다. 그러나 청렴결백한 관리 최석은 어미 여덟 마리 외에 새끼 말까지도 제 개인의 소유물로써는 분에 맞지 않다는 생각이 들었기 때문에 결코 용납하지 않았다. 대쪽같은 정신이 살아있다.

나는 요즘은 잘 그리지 않지만 얼마 전까지만 해도 서툰 솜씨로 포대(布袋) 화상 미륵불을 곧잘 그린 적이 있다. 그만큼 나의 이상이랄까 포부가 포대 화상에게 있다는 뜻이다.

포대 화상의 출가 본사는 항주 영은사인데 법명이 계차(契此, ?~916) 스님이며 〈포대 화상〉은 큰 포대 하나를 들고 다녔기 때문에 지어진 이름이다. 누가 뭘 주든지 거절을 하지 않고 포대에 담았고 누가 뭘 달라고 하면 또 무엇이든지 주었다.

포대는 우주를 담는 그의 마음 그릇이다. 온갖 욕설을 다 받아들였고 온갖 칭찬을 다 내 쏟아서 껄껄껄 웃는 모습이 나온다. 이 웃음이야말로 포대 화상의 상징이다. 특히 어린아이들이 좋아했다.

미래의 부처인 미륵불의 화신으로, 민간신앙에서는 칠복신(七福神)의 한 분으로 모셔진다. 그는 배불뚝이에 껄껄껄 웃고 다니는 반미치광이에 지나지 않는 비승비속(非僧非俗)이었으나 어떻게 그렇게 존경을 받는 미래 부처의 상징이 되었을까.

한마디로, 그는 천왕전(天王殿) 중앙에 주불로 모셔져서 사천왕의 옹호를 받고 있을 만큼 대단한 인물이다. 마음이 포대와 같이 열린 사람, 모든 것을 다 받아들이고 모든 것을 다 내쏟을 수가 있는 사람 ─ 그가 미래불의 화신으로 와서 우리 앞에 내보여 준 것이다.

격을 차리지 않았으나 격을 지킨 이보다 위대하였고 승가의 위엄을 버렸으나 승가의 위엄을 지킨 이보다 존경을 받았다.

이상은 졸고(拙稿) 〈영은사의 도인들〉 본문에서 인용한 글이다.

각설하고. 주변 주암호의 아름다움과 더불어서 선종(禪宗) 조계(曹溪)의 정맥을 잇는 불교 유적지 송광사는 명실상부하게 내실이 있는 수행 고찰이다. 옛날 송광사의 생활 규칙서가 전국 사찰의 생활 규칙서로 퍼져나갔을 무렵에도 하나의 귀감 사찰이었음에 틀림이 없다. 나는 청렴결백의 상징인 순천시며, 조계의 정맥을 있는 송광사의 출가승으로서 말석 한 자리를 차지하는 청복(淸福) 행운에 감사한다.

이 책을 산승(山僧)이신 송광사의 모든 스님에게 바친다.
끝으로, 이 책은 8년 전에 발간된 바가 있는 초판본에 스무 편 이상을 더하여 증보판이 되었음을 밝혀둔다.

불기 2544년 5월
조계산 임경당 曹溪山 臨鏡堂에서
글 쓴 이 합장

차 례

2장 여름수련회

3장 감 잎에 쓴 글씨

1장

신기합니다

도선생 이야기

지난 성도절 아침이었다. 부처님이 별을 보고 깨달음을 성취하셨다는 그날 아침, 나그네는 절 종무소 안에 침입한 도(盜)선생과 마주쳐서 즐거운 시간(?)을 보낸 적이 있다.

이날 새벽 예불 때였다. 예불 중에 종무소 사무장을 만나야겠다는 생각이 머리에 퍼뜩 떠올랐다. 법당 안에는 간밤에 철야정진한 대중들로 가득 차 있었다. 사무장을 만나려는 용건은 불자들을 위해서 준비한 법문 유인물이 잘 준비되어 있는가 알아보고 싶었던 것이다.

길상사에서 일년 넘게 살았어도 이런 생각이 떠오른 건 처음이었다. 종무소 안은 불이 꺼져 있었다. 문을 얼어보니 의외로 잘 열렸다.

“……?”

왜 종무소가 잠겨 있지 않은지 약간 의심이 들었다. 그러나 사무장이 잤는지도 모른다는 생각이 들어 별 생각없이 출입문 옆 스위치에 불을 넣었다.

“……?”

20대 후반쯤 되어 보이는 웬 사내가 신을 신은 채 불전함을 털다가 놀랜듯 나를 바라본다. 성도절에 무슨 이런일이 있는가 생각하다 얼른 내 절에 찾아온 손님으로 맞아야지 하는 생각이 들

었다. 나는 도선생이 놀라지 않게 일부러 다정하게 인사를 건넸
다.

"안녕히 주무셨습니까?"

불이 켜진 후 자신의 모습을 들킨 도선생은 놀랜듯 하다가 다정
한 말에 안심하듯 묻는다.

"스님은 어느 절에서 오셨어요?"

"혹시, 이런 말을 들어본 적이 있어요? 도둑이 매를 든다는 말
을…."

"……?"

그가 나를 빤히 쳐다보면서 다시 말이 없다.

"처사가 바로 그런 경우요. 저는 이 절 주인이고 당신은 손님인
데, 어느 절에서 오셨냐고 되레 물었잖아요?"

"그러게 말이지요. 해놓고 보니 그러네요…"

도선생이 나를 경계하는 듯 하면서도 천연스럽게 말한다.

"좋소. 잘 왔소. 오늘은 부처님이 도를 이루신 날입니다. 저는
주인이고 당신은 손님으로 오늘 귀한 걸음하셨으니 당신의 일을
최대한 협조해 드리겠습니다. 먼저 아까 불전함 터는 일을 계속
해 주십시요."

머뭇거리는 도선생의 등을 토닥거리며 내가 말했다.

"자, 여기 불전함을 같이 털어봅시다."

우리는 불전함을 털어 봉투 안에 든 돈을 꺼냈다. 천원짜리가
몇 장씩 들어 있는 걸 보며 도선생이 말한다.

"순 천원짜리 뿐이군요."

“잘 살펴 보십시오.”

“아! 만원짜리도 몇 장 있습니다.”

“좀 가까이 와 보세요.”

도선생이 가까이 다가오자 가만히 귀에 대고 속삭였다.

흩어진 돈을 가지런히 모아 도선생에게 건네주며 말했다.

“일생일대에 큰 걸로 한 번만 하세요. 좀도둑은 되지 마세요.”

순간, 그는 눈을 번쩍 뜨며 나그네 앞으로 다가와 외친다.

“스님, 어떻게 제 심정을 그렇게도 잘 아셨습니까? 저도 대전 큰 집에서 나올 때에 꼭 한 번만 크게 하려고 맘 먹었어요.”

처음으로 그의 목소리에 힘이 실려 있고 표정도 많이 맑아졌다. 그는 의기양양해진 모습으로 보시함에서 꺼낸 돈을 가지고 정중하게 인사하고 말하였다.

“오늘의 은혜를 어떻게 갚아야 할지 모르겠습니다.”

“오늘은 제가 주인이고 당신이 손님이 됐지만 다음날 당신이 주인이 되고 제가 손님이 됐을 때 너그러운 마음으로 보살펴 주시면 좋겠습니다.”

“제가 꼭 장발장이 된 기분입니다.”

“저는 장발장 같은 건 잘 모릅니다. 아무튼 안녕히 가십시오.”

손을 내밀어 악수를 하고 등을 두들기며 배웅을 해줬다.

날이 밝아 아침을 먹고 사무실에 앉아 있는데 누가 문을 두드렸다.

들어오라고 했더니, “스님 저 왔습니다”하며 간밤의 도선생이 오렌지 쥬스를 1박스 들고 찾아온 것이 아닌가.

"아니 무슨 일로 다시…"

"제가 이제까지 살아오면서 제 마음을 이렇게 알아준 사람은 스님이 처음입니다. 그래서 아침을 먹고 스님께 인사를 다시 드리려고 왔습니다."

도선생에게도 불성이 있는가를 속으로 생각하며 성도절 아침의 푸른 하늘을 바라보았다.

흙 이야기

흙이 약이라는 근거는 옛부터 정설로 내려왔다. 흙은 대지(大地)로서 어머니, 동물까지도 몸이 아팠을 때에 스스로 땅을 파고 아픈 부위를 묻거나 지열(地熱)과 지기(地氣)를 쏘여서 상처를 치료한다는 이야기는 시냥꾼들의 일화에 나온다.

십여년 전의 일이다. 광훈(廣熏)스님이 재무(財務)로 지낼 때였다. 3월 불사 기간 중에 불상사가 벌어져서 하마터면 한 사람의 목숨이 위독할 뻔하였다. 이 사건의 노보살은 참기름 애용자였다. 참기름이 없으면 밥이 안 넘어갈 정도였으니까. 노보살은 참기름 병을 챙겨서 여행도 떠나고 절에도 다니곤 하였다.

이번 3월 불사에 동참하기 위해 몇 가지 준비물을 챙기는 중, 박카스 병에 든 참기름 하나도 챙겨 넣었다. 그런데 어쩌랴. 원료 식초도 박카스 빈 병에 넣어 두어 자칫 혼동이 온 것을…….

노보살은 확인도 안 해보고 차를 탔다. 첫날 저녁은 짐이 든 방 안에 사람이 꽉 차서 참기름 맛을 못 보았고, 이튿날 아침공양 때에는 죽이어서 역시 참기름 먹을 기회를 놓쳤다.

점심 때였다. 공양 배식으로 받은 식판을 재무실 앞 수각 주위에 놓고 참기름 병이 든 짐을 풀었다. 얼마나 먹고 싶었던 참기름인가!

노보살은 옆사람이 행여나 보고 달라고 할까봐 겁이 났다. 얼른 참기름이 담긴 박카스 병 뚜껑을 열고는 목구멍으로 그대로 넘겼다.

"아 – 아."

노보살은 가슴을 치며 박카스 병을 던지고는 뒹굴기 시작하였다. 그녀가 마신 건 참기름이 아니고 원료식초였던 것이다.

보건소로 전화를 하려고 재무실에 뛰어든 주위 사람들은 발을 동동 구를 뿐 속수무책이었다.

"아이고, 어쩌지요."

"사람이 다 죽어가는데 어느 세월에 보건소 차가 와요?"

이때 광훈스님이 맨발로 뛰어나가 물바가지에 황토흙을 한 줌 퍼 담았다.

이 흙은 지붕 기와를 번와할 양으로 법성료(法性寮) 앞에 몇 차를 실어다 놓은 것이다.

바가지에 다시 물을 떠 담아서 한 손으로 휘휘 저어 흙이 풀리도록 하고는, 마당에서 뒹구는 노보살의 입에 가져다 댔다. 노보살은 간신히 황토흙물을 두어 모금 마시고는 약간 숨을 돌렸다. 다시 옆 사람들이 노보살을 부축하여 황토흙물을 반 바가지쯤 먹였다. 거짓말같이 되살아난 노보살!

이 일을 두고 광훈스님이 덧붙여 설명한다.

"천자암에서 활안(活眼)스님의 말씀을 듣고 한 번 황토물을 먹여본 것이지요. 활안스님은 흙으로 만병을 고친다니깐요."

흙은 생명의 연장이다. 산중에서 깨끗한 흙만 먹고 산 사람들은 흙밥이라고 이름짓고, 시루떡처럼 층이 생긴 흙을 먹고 산 사람들은 흙떡이라고 이름짓는다. 나 역시 솔잎과 흙이 구미에 맞아 간혹 한두 끼니쯤은 먹은 기억이 있다.

한 번 흙맛을 본 사람은 평상시에 밥에 일부러 흙을 조금 섞어 먹는다고 하니 흙의 맛은 가히 일미(一味)일 수밖에 없다.

물론 아무 흙이나 먹는 게 아니다. 오염이 안되고 사람의 손길이 묻지 않아야 제격이다. 산중에서 나무 열매와 뿌리로 배고픔을 달랠 수 있고, 또한 흙으로도 밥의 대용을 할 수 있으니 어디 가서 먹을 걸 걱정하랴!

놀랍게도 문헌에는 흙으로 뽑은 흙국수〔土麵〕까지 있었다고 한다. 평양 잡약산(雜藥山) 기슭에서 나온 흙을 재료로 만든 흙국수 빛깔은 푸르스름하고 맛이 달지도 쓰지도 않았다고 한다.

이제는 산중이 아니면 흙을 밟고 다닐 곳이 없어졌다. 모두가 포장된 도로인 탓이다.

요 며칠 전에 있었던 일이다. 새벽 포행길에서 시멘트 포장을 두텁게 한 산길을 수련생 전원과 나섰다가 돌아오면서 아쉬움을 느낀 건 나만의 감상일까? '절은 불사를 가급적 안하는 게 큰 불사(佛事)'라는 옛사람의 말이 간절하다.

'규모는 크고 기간은 빠르게' 진행하는 요즘 우리 주변의 불사 현장에서는 문명의 위력을 느낄 뿐 별다른 온기를 느낄 겨를이 없다. 당대에 제 이름으로 불사를 했다는 상(相)이 사람과 산을 죽여서는 안될 일이다.

토굴의 스승

　명월당 낮은 책상 옆에는 손바닥만한 사진 한 장이 작은 액자에 끼워져 있다. 사진의 주인공은 회갑 나이에 작은 암자 주지를 하는 한 노승으로, 이 사진은 작년 여름에 중국 강남 삼조산에서 내가 찍은 것이다. 석탑을 배경으로 서 있는, 구겨진 작업복 차림새인 이 노승의 모습은 무척 초라해 보이지만 어느 선사의 법문보다 가슴에 와닿는 그 무엇이 있다.

　그 날 마조(馬祖:중국 당나라 때 선승)스님의 토굴을 찾아나섰다가 그만 산길을 잘못 들었다. 여러 달 누적된 피로에 극도로 지쳐버린 나는 탈진 상태에 빠지고 몸이 고무풍선처럼 붓기 시작해서 한 걸음을 떼어놓기가 천 리처럼 느껴졌다. 더 이상 몸을 옴짝달싹 못할 지경에 이르렀을 때 나는 길바닥에 그대로 누워서 대숲 사이로 내다보이는 하늘을 보고 죽음을 생각하였다.

　'마조스님이 다 뭔데, 이 죽을 고생이야! 다 쓸데없어.'

　아득해지는 의식 속에서 무심결에 뱉어낸 말이다. 나는 쓰러진 채 그대로 얼마 동안을 흘러보냈다. 흙냄새가 좋았다. 그새 잠이 살포시 들었나 보다. 한숨을 자고 일어났을 때는 햇빛이 얼굴에 몹시 따갑게 내리쬐고 있었다. 소를 부리면서 쟁기질을 하는 소리가 언덕 아래쪽에서 들려왔다.

　나는 안간힘을 다해 일어섰다. 그러나 이런 일이 있는가! 발이

퉁퉁 부어 벗어 놓은 신발을 신을 수가 없었다. 남의 살처럼 손가락으로 누르면 그 자리가 푹 들어갔다가 한참 지나서야 원상태로 돌아왔다. 그런데도 마음은 평온을 잃지 않았다. 한순간 죽음이 눈앞에 다가선 느낌이 들었을 때 참 허무하다는 생각밖에 달리 와닿는 느낌은 없었다. 아프다거나 배가 고프다는 생각은 조금도 없었다.

'죽음은 이렇게 다가오는가 보구나. 아미타불!'

이런 상태에서 논에서 일하는 처사가 주위에 절이 있는 곳을 안내해 주었다. 천근만근이 된 몸을 움직여서 닿은 곳은 대가람 천주사(天株寺) 옛터에 지어진 삼간 토굴 암자였다. 언덕 위에서 마을쪽을 내려다 볼 때였다. 첫눈에 조그만 탑이 토굴집의 마당 가운데에 보였다.

'아, 저기가 절이구나!'

탑이 그렇게 반갑고 좋을 수가 없었다. 탑만 보고도 살았다는 생각에 생기가 금방 돌았을 정도였다.

노승(老僧)은 두 명의 처사와 함께 불당 안의 부처님과 18나한상을 보수하는 중이었다. 내가 부처님 전에 불전을 놓고 엎드려 절을 올리고 주지 스님을 향해 다시 절을 하려고 하자 "괜찮소. 됐소!" 하고 절을 하지 말라고 막았다.

몸이 죽을 상이 되어있는 걸 보고는 "점심은?" 한다. 나는 입을 열려고 하였으나 그럴 힘조차도 없었다.

그냥 합장하는 자세로 있자니 "빨리 밥을 해서 올려라!" 한다.

노승은 울력(여러 사람이 힘을 합하여 일함) 때문인지 옷 차림새가 일꾼 처사와 닮았다. 객승을 대접하는 태도는 스님이라기보다 선량한 시골 할아버지처럼 포근하게 느껴졌다. 부엌에서는 노승의 속가의 딸이 공양주(절에서 밥을 짓는 사람)로 있었다. 열대여섯 살쯤 되는 딸아이가 새로 쌀을 씻어 나무불로 밥을 짓는데 노승이 다시 큰소리로 외친다.

"두부있지? 내일 안 먹어도 좋으니 그걸 반찬으로 써라!"

아마 불상 보수 불사에서 크게 생각하고 이 산중에서 두부를 아껴서 쓰는 모양이다. 반 시간 남짓 지나서 밥상이 차려져 나왔다. 야채에 흰 밥이다.

"아니, 두부 반찬은 왜 안했어."

노승은 손수 부엌에 들어가 두부 요리를 해서 주며 누룽지를 잘 불게 만들어서 따로 한 그릇을 내게 주었다. 다른 이들은 점심을 이미 먹은 뒤여서 나 혼자만 상 앞에 앉았다. 객승(客僧)은 공양 시간이 지나서 오면 대개 밥을 안 주는 게 절 법도인데도 융숭한 대접이다. 입이 소태처럼 쓰디써서 누룽지를 긁어서 준 물만 겨우 목구멍으로 넘기는 데도 무척 힘이 들었다.

수저를 놓고 5백 대중(大衆)이 살았다는 옛 선방 이야기를 들은 다음 노승과 탑과 절의 사진을 찍었다. 그런 뒤에 노승이 앞장서서 가르쳐준 대로 지름길을 따라 걸어내려 왔다.

노승은 '내가 주지입네' 하는 주지라는 상(相)이 전혀 없는 아주 편안한 이였다. 권위 의식이 조금도 느껴지지 않았다. 작년에 성지 순례를 하는 동안에 만난 중국 스님들 가운데서 가장 존경하고 싶은 큰스님이었다.

영화, 부처님 일대기

그때가 아마 학교 운동장에서였으니 중2 때 였을 것이다. 초파일날을 기념해서 밤에 스크린을 치고 '부처님 일대기' 가 상영되었다. 인근 절 주지 노스님이 퍽 포교에 열의가 있었던 모양으로 그런 영화를 상영하도록 하였는데 인산인해를 이룬 운동장이었다. 아무 영화나 상영해도 사람이 버글버글 들끓던 60년대 시절의 이야기이다.

이 영화를 본 소감이 어떻하였느냐 하면, 그냥 그대로 산으로 직행을 하여 어두운 밤을 지새웠다. 영화에서 석가모니 부처님이 보리수 아래에서 도를 깨달으신 모습이 하도 인상 깊어서 나는 그냥 산으로 내달렸던 것이다.

"생노병사를 해탈하여……(어쩌구 저쩌구)……" 하는 법문을 기억해 내고는 소나무 아래에 우두커니 앉아 있기가 뭐해서 그런 대사를 읊었다. 새벽 추위에서도 그렇게 앉아 있기만 하면 도를 깨치는 줄로만 알았다.

그날 학교를 가기 전에 책가방을 가지러 집에 들어가서 식구들에게 당한 꾸지람은 생략한다. 미친놈 취급을 받아도 쌌으니까. 얼마 후에는 친구들도 소문을 듣고 그런 눈으로 보기 시작하였다.

문제아는 아니었다. 공부는(내자랑이다) 입학때보다 뛰어서 줄 곧 맨 위에 우수성적자 명단에 게시되었을 정도이니까. 시험 성적은 그렇게 해서 장학금을 타가며 다니는 데에 올랐다. 가난 이외에는 모두가 만족스러웠다.

헌데 결단을 내릴 때가 옴을 스스로 느끼고 입산을 결행하였다. 중2 학년말에 있었던 일이다. 자퇴서를 위조해서 학교에 냈다. 학부형 도장은 몰래 찍었던가 새로 도장을 팠던가 했을 것이다. 그런데 학교에서는 통과가 되었으나 절에서는 장남이니 부모 승낙서를 요구하면서 거절했다. 두 군데를 기웃거렸어도 역시 입산은 불가능했다.

지금 생각해보니 그때는 출가 인연이 덜 되었던 모양 같다.

내 학력은 중졸에서 그쳤다. 엿장수 등 끝없는 방랑 기질에서 떠돌이 길에 부침하기 시작하였다. 되지 않게 분수도 모르고 〈자유인의 길〉을 간다고 믿고 말이다. 이 이후 이야기는 생략한다. 한편 부처님의 출가 연세 29세를 수첩에 써서 품에 넣고 다녔다.

운동으로는 마라톤을 특히 좋아해서 한밤에는 40km구간을 혼자 뛰어다닐 정도였다.

29세 되던 해 봄 보조국사 종재가 있던 그 무렵에 가야산 해인사 비구니 암자에서 지내는 노스님과 기차에 동승하며 순천 송광사로 향하였다. 차안에서 비구니 노스님은 이렇게 당부의 말씀을 하셨다.

"출가자는 인욕을 해야 합니다. 어떤 경우에라도 참고 또 참아야 합니다. 참지 못하면 중노릇을 못합니다. 성불하십시오."

그 길로 집으로 돌아와 비가 그치기를 기다리면서 출가준비를 마쳤다. 부모님께 고하고 남에게 빌린 물건 등을 되돌려 주고, 또 울먹이는 애인에게 고별인사를 하고……하하하……그러고 보니 엊그제 일 같다. 봄날이 무르익어가고 초파일 준비로 연꽃을 비비는 이 무렵 때면 나는 해인사 비구니 노스님을 생각하며, 출가의 길에서 참고 또 참으라는 당부의 말씀을 새삼 떠올려 보곤 한다.

구도자의 본분

어떻게 보면 바보같은 삶을 살다가 떠난 백은(白隱)선사였다. 반야심경(般若心經)조차도 몇자 빼어 먹고 썼어도 찢지 않고 그대로 두었다. 지금도 육필(肉筆)로 남아 있는 이 반야심경은 천진난만한 그의 성품을 느끼게 한다.

전체 270자 반야심경은 매일 아침 저녁으로 암송하는 경전이지만 붓을 들어 쓰다 보면 더러는 틀리고 빼먹는 글자가 나온다. 사람이기 때문이다. 흔히 완벽주의에 빠진 보통사람이라면 틀리게 쓴 반야심경을 남에게 건네주기를 꺼린다.

"수행승이 이름 석자 정도 쓸 수 있으면 되지."

허물을 있는 그대로 내 보일 수 있는 용기가 백은 선사에겐 있었다. 당당하고 의젓했지만 교만하지는 않았다.

송년의 시간이다. 한해를 돌아보니 너무 꽉 짜이게 살지 않았나 싶다. 좀 어리숙하게 넘어가 주었으면 좋았을텐데 하고 느껴지는 일들도 많다. 선사의 교훈처럼 신행(信行) 하나만으로 족하지 않았을까.

이 한겨울 전국 선방에는 1천 5백여 명이 동안거(冬安居)에 들어가 정진중이다. 묵묵히 수행하는 구도자들에게서 불교의 미래를 보고싶다.

사랑

　사람을 통해서 이룰 수 있는 것은 아무 것도 없다. 이를테면 남녀가 사랑을 한다고 하지만, 기실 그것은 그 대상을 통해 자기 자신이 추구하는 욕망의 사랑을 이루고자 할 뿐이다.

　한 남자가 한 여자를 만났다. 그 여자가 마음에 드는 것은 사실이지만 엄밀히 따지고 들어가 보면 그 여자를 사랑한 것은 아니다. 소설을 통해서든 영화를 통해서든 혹은 어떤 아름다운 사랑 이야기를 통해서든 이미 제 마음 속에 사랑의 틀이 박혀 있기 마련이다.

　사랑을 이룰 대상자가 이미 형상화되어 있다는 이야기이다.

　그렇기 때문에 사랑을 이룰 대상의 반쪽만 갖추었어도 혹해서 사랑이 싹튼다.

　때로는 눈이 멀어 죽자 살자 애달퍼한다. 그러나 사람을 통해서 얻은 사랑은 시간이 지남에 따라 식게 마련이다. 실망과 낙담이 뒤따른다. 얼마나 힘든 노릇인가.

　진리에 의지하고 제 자신의 참마음에 의지하였을 때는〔法燈明自燈明〕 실망도 낙담도 따르지 않는다고 옛사람은 말했다. 밖에서 찾지 말라. 밖에서 사람을 통해서 얻을 수 있는 사랑은 어디에도 없다는 말씀이다.

산사일기

한 스물날 전의 일이다. 이 곳 북악산 기슭 성북동으로 옮겨와 첫 설을 맞이한 때이다.

정초 7일 용맹기도 중에는 대중 여덟 명의 스님들과 함께 '나무 아미타불' 염불기도를 하였다. 기도를 할 때 자세는 똑바로 서서 부동의 자세를 두 시간 동안 유지하도록 노력하였다. 몸과 마음은 하나이기 때문에 마음이 부동하려면 몸부터가 부동해야 한다는 법문에 충실한 셈이다. 처음에는 다리가 뻣뻣하게 굳어졌으나 차츰 그런 고통도 멎고 기도를 할 만 하였다.

7일 용맹기도 다음에는 단기 출가 주말 수련회가 열렸다.

오늘은 수련회 둘째날이다. 아침 죽을 먹고 나서 볏집 지붕에서 거두어 둔 마름을 치우는 울력을 한 시간 넘게 하였다. 수련생들은 먼지를 뒤집어쓰고 제 집 일을 하듯이 열심이었다.

사시 무렵에는 강원도 산골 토굴에 계시는 회주 큰스님이 오셨다. 큰스님의 점심공양을 마치고 수련생 수계식에서 전계사가 되어 주셨다.

어떤 불자는 돌아가실 때에 이런 애틋한 유언을 하였다고 한다.

"부탁이 있소. 내 위패 옆에는 큰스님이 친필로 써서 보내주신 엽서를 놓아다오."

이번 수련생들은 모두 길상사 거사림 회원이다. 회주 큰스님은 마흔 두 명의 거사들에게 삼귀의, 오계를 설하시고 계첩을 한 사람 한 사람에게 건네 주면서 불명의 뜻도 간략히 설명해 주셨다. 큰스님으로부터 계첩을 받는 거사들의 얼굴에는 기쁨의 물결이 잔잔히 넘치는 듯 하였다.

"내가 길상사에 와서 머물 곳은, 다닐 행(行)자, 가질 지(持)자, '행지실(行持室)' 이름이 좋겠구먼. 모범으로 행을 보여주는 이가 살아야 한다는 뜻이요. 행지당, 행지실 어느 이름이나 괜찮지만 그래도 행실인이면 됐어."

차를 마시면서 하시는 큰스님의 말씀이다.

그러고 나서 다시, "붓글씨는 총무스님이 써요. 총무 스님의 글씨가 좋아요, 현판에 새기는 서각은 유나스님이 하면 어때?"하고 좌중을 둘러 보십니다.

길상사가 생긴 지 1년밖에 안 된 탓으로 요사채, 승당 등의 현판이 아직 걸려 있지 않았다. 극락전 현판 글씨를 바꾸고 새로 서각해서 달은지 두세 달이 지났다.

도량이 어제 다르고 오늘 다르게 큰스님 관심사대로 새로와진다. 한 티끌도 없는 청정한 도량에 삼보님이 강림하신다는 천수경 그 절처럼 말이다.

초심 출가자와 차를 나누며

해빙(解氷)의 계절, 이 글을 쓰는 소납(小衲) 역시 출가의 뜻을 세워 길을 떠난 바가 있었듯이, 며칠새를 두고 두 초심(初心) 출가자가 찾아와서 명월당 처소에서 차를 마시고 떠났다.

눈빛이 맑게 빛나는 초심 출가자는 다 안면이 있고, 서울 근교에 사는 서울 토박이나 다름없는 이들이다.

이들에게 들려준 이야기는 소납이 종전에 들었던 노스님네의 법문 내용 그대로이다. 출자가는 무엇보다 먼저 가시적(可視的)인 것에서 떠나야 한다. 흔히들 수치(數値)로 평가의 기준을 삼아, 만불 국민소득이 선진 국민인양 내세우기를 좋아하고 학교 간판으로 인격까지 도매금으로 넘겨서 맞선을 보아 배우자로 삼고 있는 일들이 어느 때까지 흘러갈 지 모른다.

세속의 일도 그렇지만 출가자의 수행생활 역시 가시적인 데서 벗어나야 바른 수행문에 들어설 것이다. 밤새 잠을 안 자고 정진하는 장좌불와(長坐不臥), 절대 입을 열지 않고 말을 끊는 묵언(默言)수행, 오후에는 밥을 먹지 않는 오후불식(午後不食), 산문 밖 출입을 끊는 무문관(無門關)수행 등은 참 좋은 난행고행(難行苦行)이다. 범부 중생의 업장을 녹이는 공부로써 이보다 더 나은 길은 있을 수가 없다.

허나, 모양과 이름에서 벗어나 드러내지 않고 조용하게 수행하는 이들을 높이 받들어 따르고 지켜야 한다. 평상심 그대로 먹을 때 먹고, 잘 때 자고, 말할 때 말하고, 출입할 때 출입하면서 원력을 매일 크게 일구어 내는 이가 큰 수행자이다.

원력을 굳게 가진 이는 불도를 성취하고, 원력이 없거나 원력이 있으되 미미한 이는 끝내 성취할 수 없다는 고인의 법문은 만고의 진리다.

'재불보살님, 가피(加被)를 주시사, 선지식을 친견하고 탁마(琢磨)도반을 만나 한 마디 말 끝에 바로 깨달아, 무생법인(無生法印)을 홀연 증득하게 하여지이다.' 하고 매일 아침 스스로 다짐하는 시간이 필요하다.

출가하는 일은 쉬울지 모르나 출가할 때 지닌 초발심(初發心)을 일구어 나가기란 참으로 어려운 일이다.

봄 뜰에는 연한 싹이 새로 나오고 있다. 부드럽고 연약한 싹이 어떻게 굳은 땅을 비집고 솟아나는지 신비스럽다. 마치 수행자가 도를 이루는 일이 '쇠로 만든 소의 등허리에 연약한 모기의 침을 박고 피를 빨아먹으려는 노력'이라는 법문과 다름이 없기 때문이다.

불가능해 보이지만 초발심 원력을 키워나가는 한 반드시 가능하다는 사실을 출발에 앞서 굳게 다짐해야 할 것이다.

화기애애한 강의시간

오전 시간에는 백여 명이 넘는 보살님을 대상으로 문화강좌 특강을 했다.

거사님이 있긴 하나 몇 사람에 불과하다. 물론 이 보살님들은 처음 절에 나온 분이 아니다. 어느 절의 신도라기보다 이 절 저 절 참배 다니는 이가 많을 것이다. 문화강좌를 통해서 불자의 수준이 높아가고 있다는 소식이 인근 사찰 주지스님의 말을 통해 짐작이 갔다.

나에게 주어진 제목은 '선(禪) 특강'이다. 상강례(上講禮)에 이어 마이크 앞에 선 다음 이렇게 말머리를 떼어 놓았다.

"여러분, 이 죽비가 보이지요? 이 죽비를 두고 문제 하나 내겠습니다. 한 번 잘 생각을 해서 대답을 해 주시기 바랍니다."

내용은 이렇다. 수산생념(水山省念)선사가 평생 동안 썼어도 다 쓰지 못한 법문으로 배촉관(背觸關)이란 화두가 있다. 죽비라고 한다면 죽비에 집착해 떨어진 허물이 있고, 죽비가 아니라고 한다면 죽비와 등을 돌려서 죽비를 배반한 허물이 있기 때문에, 죽비라고도 하지 말고 죽비가 아니라고도 하지 말라는 법문이다.

맨 앞에 앉아 있던 보살님이 몇 차례 사양하다가 드디어 입을 열었다.

"공(空)입니다."

이 대답에는 이런 맹점이 있다. '나는 할(喝)이요!' 하였다는 사람처럼 할(喝)을 하려면 '악!' 하고 터뜨려야지, '할이요!' 하니 이게 무슨 할일까?

차라리 죽비를 한 번 치고 나서 '죽비 소리를 잡으시오' 하고 응답하는 쪽이 '공입니다' 하는 쪽보다 낫다. 왜냐하면 공의 세계는 말로써 표현하는 게 아니기 때문이다. '죽비 소리는 어디로 갔습니까? 어서 죽비 소리를 잡아오시오!' 하고 선문(禪問)에 선답(禪答)하는 것이다.

두 시간 동안 시종 화기애애한 분위기에서 잘 조연(助演) 역할을 해준 보살이 있기에 그나마 어설픈 선 특강 첫시간을 마칠 수가 있어 다행이었다.

너무 잘 알아도 병이다. 절에 다녀도 아주 잘 모르기 때문에 순진하다고나 할까. 그야말로 '절간에 온 새색시' 처럼 조심스럽기가 말할 수 없을 정도이다. 이런 보살님들 앞에서는 무엇이나 다 털어놓고 이야기를 하고 싶은 마음이 든다. 조그만 이야기에도 귀담아 듣고 즐거워한다. 이야기는 하는 사람과 듣는 이가 한 박자가 되어 조화를 이룬다는 말을 강의 시간에 실감하였다.

우스운 이야기

담 배

80년대에 민권운동을 한 스님의 이야기이다. 분위기에 어울리기 위해 인권 변호사 처사님과 담배를 피운 적이 있었다. 서울에서 온양 온천으로 가는 승용차 안에서였다.

운전석 변호사 처사님 옆 자리에는 늦게 둔 일곱 살쯤 된 아들이 함께 타고 있다가, "아빠, 내가 아빠 담뱃불을 붙여 드릴께요." 하면서 라이타를 켜댔다.

이번에는 스님이 물고 있는 담배에 라이터를 켜면서, "어서 피워요, 스님." 하였다. 귀엽게 재롱을 잘 부리는 아들이었다.

그 이후로 처사님 집을 방문할 때면 으레 담배를 꺼내와서 스님 입에 담배를 물려놓고 라이터를 켜는 일을 곧잘 하였다.

그때마다 스님은 아들에게, "담배를 끊었다." 하고 거절하였다. 아들은 그래도 손님 대접이라고 스님 입에 담배를 물려주고는, "피워요, 아빠하고 그때 피웠잖아요?" 하고 권하기 일쑤였다.

그러던 어느 겨울 날이었다. 산중 토굴에서 선 수행에 몰두하고 있을 때였다.

40살이 채 안된 처사님이 급작스레 타계하였다는 부음이 절에 전해져 왔다. 스님은 인생무상을 절감하면서 상가 조문을 나섰다.

승속의 차이를 두지 않고 절친하게 우의를 나눈 변호사 처사님의 변고가 남의 일 같지 않게 느껴졌다.

"허, 참."

다만 이 말만이 입 밖으로 새어 나올 뿐이었다.

스님이 처사님 영전에 향을 사르고 조객들이 지켜보는 가운데서 묵묵히 앉아 있을 때였다. 재롱을 부리는 아들은 여전히 제 아버지가 돌아가신 줄을 모르고 있는 눈치였다.

철없는 아들은 스님이 손님으로 왔다고 전처럼 담배와 라이터를 챙겨와서는, "피워요, 스님." 하고 한 개비를 입에 물려 주려고 애를 썼다.

"난 안 피운다."

스님이 담배를 입에서 빼내면서 물리쳤다.

이때였다. 아들이 큰소리로 외쳤다. 좌중에는 사회인사들이 이를 눈여겨 지켜보고 있는데……

"스님, 그때는 피웠으면서! 온양 온천 갈 때 차 안에서 피웠잖아요?"

그 후 스님은 추모사를 어떻게 읽었는지 모를 정도로 정신이 없었다. 아들이 외쳐낸 소리가 한편은 우습기도 하고, 한편은 쑥스럽기도 하여 죽을 지경이었다. 주위 사람들의 시선을 의식하지 않으려고 애써도 어쩔 수가 없었다.

"그때는 피웠으면서!"

한동안 이 소리가 귀에 쟁쟁였다.

"까짓것" 하면서도 부끄러움이 끊임없이 따라다녔다.

수 첩

깊은 산중에서 서울 나들이를 한 스님의 이야기다.

오랜만에 서울에 올라와서 궁금한게 한두 가지가 아니었다. 우선 서울 지도와 교통편을 알아보고 싶은 마음이 일었다. 지도에서 달라진 서울 모습을 보고 싶었다.

시내 버스를 타고 갈 때였다. 차 안에서 잡상인들이 오르락 내리락 하는 줄을 짐작 못하고 있을 때였으니, 스님은 그때 참 촌티 나는 사람이었음에 틀림없었다.

한 사내가 차 안에서, "여기, 서울 지도와 교통편이 다 들어 있는 수첩이 있습니다. 주민등록증 넣는 자리와 ……." 하고 떠들썩하게 장광설을 늘어놓기 시작하였다.

스님은 귀를 곤두세우고, '저 수첩을 사야 겠구나, 값이 얼마일까?' 기다리는 시간이 무척 지루하게 느껴졌다. 성미가 급한 스님은 어서 값을 말하였으면 싶었다. 한참만에, "이 수첩으로 말할 것 같으면 삼천 원……" 하는 소리가 귀에 번쩍띄었다.

"아저씨, 여기 삼천 원 있소. 수첩 하나 주시오."

스님은 얼른 돈을 꺼내서 수첩을 삼천 원 주고 사버렸다. 헌데 수첩 장수는 스님에게만 팔고는 차에서 그냥 내려버렸다.

좀 의아스러운 생각이 들었다. 그러나 마음에 든 수첩을 구했다 싶어서 이리저리 살펴보고 픽 만족스러워 하였다.

뒷날 시내 버스에서 수첩이 천 원에 팔린다는 사실을 알고 스님은 실소하였다. 게다가 손톱깎기와 귀 후비게 등이 수첩에 딸려서 천 원이었다.

현장에서 무엇이 나왔어요?

스님의 법명(法名)으로 벌어진 에피소드가 적지 않다. 대원사 주지 현장(玄藏)스님은 언제나 현장감 넘치는 유머로 좌중을 즐겁게 한다.

한 번은 경주의 고찰 유적지 발굴을 감독한 거사님이 한 분과 통화를 할 때였다.

현장스님이,

"아, 여보세요. 현장입니다."

하니 거사님이 대뜸 묻기를,

"아, 그새 현장에서 무엇이 나왔어요?"

하고 목소리가 다급해졌다.

"네에, 여기는 사고 현장입니다."

이렇게 여유를 보이며 현장 스님은 웃음을 꾹 참고 장단을 맞추었다. 이때 거사님의 목소리가 갑자기 심각해졌다.

"아니! 발굴 현장에서 무슨 사고가 났나요?"

"네에, 저는 송광사 현장스님입니다."

이 말 끝에 거사님은 폭소를 터트렸다.

"아니? 스님은 … 진즉 현장스님이라고 하시길 않고 ……."

여담으로 현장스님의 행자 시절 이야기가 있다. 쥐고기 시레기 국을 끓여서 대중에게 아침공양을 올린 적이 있었다.

전날 밤 많이 남은 시레기 국을 양동이에 넣어서 판때기로 대강 위를 덮어 두었다. 이튿날 새벽에 새 국을 끓여서 섞어 쓸 양으로 챙겨둔 것이다.

부엌 안은 늘 어두침침하다. 높은 천장에 매달린 낮은 촉수의 전구알 아래에서 대충 짐작으로 게다가 연기 속에서 일을 하기 십상이다.

새벽에 현장스님은 남은 국과 새 국을 섞어서 휘휘 저어 시레기 국을 끓였다. 공양 종을 치기 수분 전에 국통에 국을 풀 때였다. 깜짝 놀랐다. 무슨 커다란 덩어리가 국자에 걸린 게 아닌가.

'이게 무엇일까?'

찬찬히 장작불에 비춰보고서야 이 덩이가 물에 팅팅 불은 어미 쥐임을 알아차렸다. 간밤에 국통에서 국을 먹으려던 쥐가 빠진 것이다.

그러나 어찌할까. 곧 아침 대중공양이 시작될 터이니 이 무슨 변인가 싶었다.

앞뒤를 살필 겨를이 없었다. 시간이 흘러간다고 해결될 일도 아니었다. 현장스님은 시치미를 뚝 떼고 그대로 쥐만 건져낸 채 국통을 큰방에 들여놓았다.

얼마나 가슴이 조마조마 하였는지 모른다.

'잘못하면 쫓겨날지도 모른다.'

이런 불안도 떨쳐버릴 수가 없었다.

30분 쯤 지나서 아침공양이 끝났다. 큰방 문이 모두 열리면서 대중 스님이 나오기 시작하였다.

현장스님이 큰방에서 나온 빈 국통을 씻으려는데 일손이 잡히지 않아서 귀를 곤두세우고 큰방의 기미를 엿보고 있을 때였다.

"오늘 아침 시레기 국을 누가 끓였는지 잘 먹었다!" 하는 소리가 들려 나왔다.

"휴우."

현장스님은 그제야 함숨을 놓았다.

불일암 주지 법정(法頂) 큰스님의 일화가 있다.

어느 날 아침 무렵이었다. 처사님에게 전할 말이 있어서 전화기를 들으셨을 때였다.

"아! 여보세요. 법정입니다."

상대편에서는 보살님이 전화를 받았는데, "아니? 어찌 우리 집에 무슨 법정에서 전화가 온다요?" 하며 걱정스런 말투가 되었다. 파출소, 경찰서, 법정 등은 우리들에게 아무래도 첫 인상이 좋지 않은 용어인 탓인지도 모른다.

또 법정 큰스님의 여담이 있다. 서울 봉은사 다래헌 시절의 이야기다. 한 처사님이 좋은 길을 뇌두고 울타리 개구멍으로 기어 들어온 것을 법정 큰스님이 발견하셨다.

법정 큰스님이 좋은 길을 뇌두고 길 아닌 데로 해서 절에 온다고 꾸짖으시자, 기가 팔팔한 처사님도 물러서지 않고 막 대들었다. 이렇게 주거니 받거니 할 때쯤에 돈연(頓然)스님이 나타나서, "처사님, 헌데 무슨 일로 절에 오셨어요?" 하고 묻자 처사님은 처음과는 달리 진지한 표정을 지으면서 말하였다.

"아! 예, 법정 큰스님을 좀 뵈려고 왔지요. 글을 훌륭하게 쓰시는 법정 큰스님 말이예요.《무소유》를 참 재미있게 읽고 있는데 …."

그러고 보니 팬이 법정 큰스님을 제대로 친견하기는 한 셈인데, 작품이 이런 모양으로 되어버렸다.

성법명(成法名) 스님의 수난은 듣는 이가 모두 배꼽을 잡고 웃게 한다. 객스님끼리 수인사를 건네고 통성명을 할 때였다.

"스님, 법명은 어찌 되십니까?"

상대방이 먼저 제 이름자를 정중히 대고 법명스님에게 법명을 물었다.

"법명입니다."

그러나 상대방에 따라서는 이상하게 여기기 마련이다.

"그러니까 법명이 어찌 되십니까?"

거듭 물어도 역시 대답은 같을 수 밖에 없다.

"법명입니다."

"여보시오. 법명, 법명 하지 말고 법명을 바로 대란 말씀입니다."

역정을 내는 투로 상대방을 채근한다.

"여보시오. 내가 법명이라고 바로 대질 않소? 왜 그리 답답합니까?"

법명스님은 답답하기 이를 데가 없다.

"뭐라고? 법명을 바로 댔다는 말씀인가요? 그럼 성씨는 뉘시요?”

“네, 저는 성 씨입니다.”

“예끼 고얀 놈 같으니라고! 고작 그 정도란 말이요? 성 씨가 성이고, 법명이 법명이라… 허어 참.”

“이런 답답한 맹추 같으니! 내가 바로 일러줘도 귀가 멀어서 못 알아 들으니 당신이 바보가 아니요?”

이렇게 끝장이 날 가망이 없이 설왕설래가 이어진다.

종철(宗徹)스님이 어려서 출가하여 노스님 밑에서 암자 종치는 일을 맡고 있을 때였다.

노스님은 예불 시작의 종을 치라는 뜻으로 “종 쳐라.” 하면 종철스님은 그저, “예에, 스님.” 할 뿐이다.

“아, 이놈아. 종 쳐라.” 해도 종철스님 귀에는 역시, 제 이름 자로 밖에 들리지 않는다.

“예에, 스님.”

“허어, 이놈 보게. 종철아, 종 쳐라!”

“예에, 스님. 예에, 스님.”

끝까지 ‘종 쳐라’ 와 ‘예에, 스님’ 으로 이어지다가 노스님이 결국에는 지고 말아 손수 종을 치기에 이른다.

“왜 우리 스님은 나만 보면 뭐라고 하실까? 이름만 계속 부르고….”

어린 종철스님은 머리를 긁적이면 종을 치는 노스님을 멀거니 바라볼 뿐이다.

큰스님의 일화

한참 법상에서 전강 큰스님의 법문이 이어지다가 문득 이야기의 가닥이 잡히지 않았을 때였다.

큰스님이 어디까지 이야기가 왔는지 궁금하여 청중에게, "가만있자, 내가 어디까지 이야기를 했더라?" 하고 물으시자, 한 보살이 얼른 대답을 한다.

"스님, 이러이러한 대목의 이야기를 하셨습니다."

전강 큰스님은 그러나 틈을 주지 않고 쏘아붙인다.

"그 보살이 입도 싸네, 누가 몰라서 묻는 줄 알아? 어쩐가 볼려고 한 번 해본 소리인디."

용화사 법보선원 터 주위가 인천 제5공단에 먹혀 들어가자 입바른 소리를 잘하는 노보살님이 전강스님께 여쭈었다.

"큰스님, 도인스님은 앞을 훤히 내다보신다는데, 어찌 우리 절터는 이 모양이 되었답니까? 공장될 자리에 절을 잡았으니!"

"……."

큰스님은 묵묵히 계셨다. 생각해보면 천지가 부처공장인 것을. 선원이야말로 큰 부처공장이지 …….

구산(九山) 큰스님께서도 이런 '절 귀신' 보살님들이 삼일암에 참배와서 입바른 소리를 한 적이 있었다.

"큰스님, 큰스님 해서 왔더니만 스님은 퍽 작은 스님이시네!"

키가 다섯 척밖에 되시지 않는 구산스님은 이렇게 대답하셨다.

"보살님, 내가 산을 아홉이나 지고 다녔더니만 키가 이렇게 작아졌소."

어려서 출가하신 고암 큰스님이 스무 살 무렵, 고향에 들리러 가셨을 때의 일이다. 도를 닦겠다는 한 생각으로 출가하신 고암 큰스님께 무슨 세속적인 미련이 남아 있었다기보다는 다만 노부모님의 안부가 앞섰기 때문이었다.

고향집에서는 민며느리를 두고 고암 큰스님이 언젠가는 집에 들리리라는 한가닥의 희망을 가지고 즉석 결혼식을 치를 만반의 채비를 다하고 있었다. 효행심이 두터운 고암 큰스님이 고향집에 닿자마자 결혼식이 치뤄졌다.

밤이 왔다. 신방에는 청사초롱이 내걸렸다. 고암 큰스님이 신부의 원삼 족두리를 거두어 내리고 말씀하셨다.

"출가승인 내가 당신의 지아비가 되어 미안하오. 이젠 잘났거나 못났거나 당신을 위해 힘닿는대로 이끌어 주겠소. 그럴 터이니 내 말을 잘 따라주겠소?"

"……."

신부는 그저 고개를 숙인 채 묵묵히 듣고만 있었다.

"이제부터는 내 말을 잘 따라주겠소?"

이렇게 재차 묻자 신부가 응답의 표시로 살푸시 고개를 끄덕였다.

밤이 으슥하게 깊어 모두 안심하고 잠에 떨어져 있을 때, 고암 큰스님은 신부의 손을 이끌고 뒷담을 넘어서 줄행랑을 쳤다.

나중에 밝혀진 바로는, 신부는 서울 개운사 비구니 절에 맡겨져서 스님이 되었는데 그 이후 딱 한 번 고암스님과 회우가 있었다고 한다.

정화불사의 바람이 휩쓸 때였다. 조계사에 청담 큰스님, 고암 큰스님 등 종단대표 원로 대덕 큰스님이 오신다는 소식이 전해졌다.

고암 큰스님이 가사 장삼을 수하신 채 조계사 입구에서 막 들어서시는데 대중 가운데서 한 걸음 앞으로 내딛어 서며 조용히 합장을 올린 비구니가 있었다. 아주 인색이 맑고 담백한 기풍이 서린 초로에 접어든 비구니였다.

고암 큰스님은 잠시 눈길을 주고 비구니를 바라보셨다.

아! 그 신부의 모습이었다.

합장을 받으시고 고암 큰스님이 입을 열으셨다.

"당신도… 많이 늙었구려 ….."

이때 비구니가 합장한 손을 풀지 않은 채, 불쑥 내던지는 말이 있었다.

"당신이 뭐요? 스님이 되셔 가지고……."

이것으로 살아생전의 회우는 끝났다. 부부 인연으로 말하자면 참 좋은 도반의 인연이 아닐는지.

출세한 스님

논마지기를 산 스님

한 마을에서 출가한 두 스님은 대조적이었다. 사실 한 산중에 큰 절이 둘이 있는 경우 어느 산길을 따라 출가하느냐에 따라 크게 달라지기도 한다. 줄을 잘 선다는 말에도 일리가 있다.

스승, 도를 닦는 수도 도량, 우의를 나누는 도반 이 세 가지가 도를 이루는 큰 인연이라지만 이 가운데서도 세 번째 도반 인연은 막중한 것이다.

마을에서는 동네사람들이 정자나무 아래서 두 스님을 두고 쑥덕인다.

"저 놈은 말야. 중노릇을 어찌 하였길래 한겨울에 떨어진 누더기만 걸치고 다녀? 그 흔한 프로스펙스 운동화 한 켤레도 못 사신고 여태 흰 고무신이야!"

다른 이가 다시 말을 받는다.

"아, 누굴 봐. 그 놈은 중이 된 뒤로 집에 논마지기를 사줬지. 새 기지옷을 승복으로 해 입고 다니지. 고급 운동화를 신고 다니는 것 봐!"

출세한 스님이란 세간의 번뇌잡사에서 놓여난 대자유인으로서 조실 큰스님 가리키는 말인데, 여기에서는 기껏해야 논마지기를 사주고 옷 잘 입는 스님이다.

선방에서 무소유 그대로 눌러 앉아 지내는 이는 못난이라고 손가락질을 하는가 하면, 자가용을 굴리고 마을에 나타나면 출세하였다고 칭찬이 자자하다나.

"넌, 중노릇을 어찌 그 모양으로 하느냐?"

논 한 마지기도 못 사주는 출가한 아들을 이렇게 꾸짖는 부모도 있는 모양이다. 법(法)보다 밥이, 도(道)보다 돈이 앞서는 현실 때문인가.

담배 피운 처사

절에 온 이가 모두 불제자일리는 없지만 무지막심한 친구가 한둘이 아니다. 아예 싸들고 와서 먹고 마시고 피워대는 체면없는 이들도 있다. 자칫 잘못 건드리다가는 되레 봉변을 당하기 십상이다. 이럴 때에는 극약처방을 쓸 수밖에.

"처사님, 여기가 어딥니까? 다른 이는 자식들이 잘 되라고 불전에 공을 드려도 다 못하는 판인데, 이게 뭡니까? 이래도 가정이 잘되기를 바라겠습니까?"

이런 정도의 말은 통하지도 않는다.

출세한 큰스님이 문득 이 기고만장한 처사를 목격하였을 때의 이야기다.

점심 전에 올리는 사시마지 예불은 하루 세 차례 예불 가운데서도 가장 뜻깊은 불공이다. 부처님이 하루 한끼 점심공양을 드신 시간이기 때문이다.

이 날 대중이 불전에 사시마지 불공을 올리는 시간이었다. 가운

데 불전 앞 문에서 담배를 피워대며 안을 기웃거리는 처사가 큰
스님의 눈에 띄었다.

불공 후 대중이 공양간(식당)으로 안행(雁行:줄을 지어감)할 때
였다. 담배를 뽀끔뽀끔 피워대는 처사의 앞을 지나면서 큰스님이
물었다.

"처사님, 왜 법당 앞에서 담배를 피우십니까?"

처사가 당당한 말투로 대답하였다.

"여보시오. 법당 앞에서 담배를 피우지 말라는 말이 없지 않
소!"

이때였다. 큰스님이 침을 한 모금 모아 담배를 피우는 처사의
얼굴을 향해 퉤퉤 하고 뱉어버렸다.

"아이구머니!"

처사는 놀라서 소리를 지르며 발끈 하였다.

"이보시요, 얼굴에 침은 왜 뱉소?"

큰스님은 웃음을 머금고 또렷이 대답하였다.

"이보시오, 얼굴에 침을 뱉지 말라는 말이 없지 않소!"

주위 사람들이 통쾌하다는 듯이 웃는 동안, 담배를 피운 처사는
어쩔 줄 몰라 쩔쩔매다가 자리를 떴다.

"허허, 호호."

"어허허, 으하하하."

큰스님은 언제 그랬더냐 싶은 조용한 표정이었다.

잠시 후 공양 준비를 알리는 종소리가 땅 땅 … 하고 울렸다. 대
중은 가벼운 걸음으로 공양간을 향하였다.

속퇴의 변

출세한 큰스님의 상좌가 있었다. 그는 강산이 변한다는 햇수동안을 산중 노덕스님 밑에서 지내다가 그만 하산을 하기로 결심을 하기에 이르렀다. 출세한 큰스님의 옆에서 노상 듣는 법문이, 그 법문이 그 법문이고 보면 도(道)란 별 게 아니구나 하는 가벼운 생각이 들 법도 한 일이다.

보조스님은 법문을 들을 때 생기는 두 가지 병을 이렇게 지적하셨다.

첫째는, 너무 어렵다고 해서 뒤로 물러나는 마음이다.

마치 낭떠러지에 매달린 순간과 같이 아슬아슬하게 느껴서 불가능을 미리 점치는 일이다.

둘째는, 일상생활 중에 자주 듣는 습관 법문으로 그 소리가 그 소리라는 가벼운 마음이다.

법문이 쉽다거나 어렵다거나 상관치 말고 묵묵히 하나하나 실천해 나가는 데에 뜻이 있고 길이 있는 법이다.

상좌는 바루와 가사 장삼을 큰스님 앞에 내어놓고 절을 올리면서 하직 인사를 하였다.

"스님, 그동안 잘 지냈습니다. 감사합니다."

이때 큰스님이 입을 열었다.

"허, 이런 놈 보게. 네가 간다고 어딜 가겠느냐? 부처님 손바닥 안에서 우리가 한 치도 벗어나지 못하는 것을 어찌 모르느냐? 산중에 있어도 부처님의 손바닥 안에서 놀고, 하산을 해서 마을에 살아도 부처님 손바닥 안에 놀지 않느냐? 잘 생각을 해 봐! 너나 나나 부처님 손바닥 안에서 놀지 않느냐?"

이때 상좌가 예전과는 달리 큰스님을 향해 말하였다.

"스님, 지금 알고나 떠듭니까?"

"뭐? 알고나 떠들어?"

큰스님은 그만 입을 다물어 버렸다.

꿈같은 이야기

나를 출세한 큰스님으로 여긴 노보살님이 한 분이 있었다.

보살님을 만난 것을 지금부터 5년 전 조계사 앞 길에서였다.

그 전날 밤이었다. 선방에 방부를 드리려고 바루와 가사 장삼을 걸망에 싸두고 하룻밤을 자고 났는데 이게 야단났다. 누가 그랬는지 모르겠으나 바루와 가사가 없어졌다.

이튿날 아침 나는 남감해서 우선 급한대로 조계사 앞 불구점에 가서 구해보기로 하였다. 바루와 가사가 없어진 시간은 간밤에서부터 아침 등산을 다녀온 사이가 아니었나 싶다. 아마 나의 선방 방부를 막기 위해서 이 승물을 치운 게 아니였을까. 그냥 그대로 눌러앉아서 함께 지내는 절에 있다는 인사 표시가 좀 지나쳤다고나 할까.

하여간 이른 아침에 조계사 앞 불구서점에서 문 열기를 기다리며 서성거리다가 나와 함께 서성거리고 있는 노보살님 한 분과 이야기가 시작되었다.

"아이고, 어찌 이리도 딱 맞습니까? 꿈에 본 그대로입니다."

노보살님의 꿈 이야기는 이렇다. '내일 아침 조계사 앞에 가면

한 스님을 만날 것이니 그 스님에게 옷을 해 드려라.' 하고 한 노
승이 말을 하더란다.

그러고 보니 나의 딱한 사정과 딱 들어 맞은 셈이다. 그 이후 나
는 노보살님의 보시로 홀가분하게 선방 방부를 드렸음은 물론이다.

헌데 뒷끝이 좋지 않았다.

노보살님이 인삿말인지 진담인지 모르나 이렇게 말한 게 어느
날 기억에 떠올랐다.

"스님, 공부하시다가 어려울 때에는 꼭 전화를 주세요. 힘 닿는
데 까지 보시해서 모시고 싶습니다."

이 노보살님은 나를 꿈과 딱 들어맞은 큰스님이라고 해서 끔찍
히 생각해 주는가 싶었다.

그 후 한 달쯤 지나서 노보살님에게 도움을 청할 날이 왔다. 사
형되는 분이 갑자기 입적하였다는 부고가 날아왔을 때였다. 어려
운 절 형편을 생각해서 노보살님에게 전화를 걸었다. 사형이 타
계한 소식, 조문에 동행하는 도반스님과 나의 노자가 필요하다는
이야기를 꺼내놓았더니, 냉담하게 이렇게 대답하였다.

"참 이상합니다. 스님이 타계하셨을 때에 왜 스님들의 노자를
절에서 주지 않을까요? 동참하는 스님들의 영결식 때 돈이 필요
할까요?"

나는 아차 싶었다. 다른 이에게 도움을 청해보기도 어려운데 그
만 거절이었다.

전화를 끊고 난 나는 심한 부끄러움 속에서 출세한 큰스님 역할
도 어렵다는 걸 다시 실감하였다.

신기합니다

어느 날 정오 무렵 지대방에 모여 앉아 차와 과일을 나누는 자리에서였다.

한 스님이 체형에 따른 성격을 설명하여 주의를 끌었다.

"사람은 신체의 발달 부분을 보고 성격을 알 수 있습니다. 말하자면 상체가 크게 발달한 사람은 이상형이고 하체가 크게 발달한 사람은 현실형입니다."

또 다른 이야기가 나왔다.

"맑고 깨끗한 생활을 지키며 혼자 살아가는 출가자와 독신자 등은 이상형이고, 시장 네거리에서 아귀다툼을 하며 쇠가죽 같은 질긴 신경으로 살아가는 사람들은 현실형입니다."

어느 쪽이든지 장단점이 있기 마련이다.

우리는 주위에서 양극에 치우쳐서 사는 모습을 자주 본다.

걸핏 한 소리 한 마디에도 신경을 날카롭게 세우고 민감한 반응을 보이는 사람들에겐 아예 손을 들 수 밖에 없다.

반면에 성질 나쁜 사람들의 욕설과 폭언을 밥 먹듯 당하면서도 무표정한 얼굴로 무덤덤히 지내는 가난한 이들도 있는데, 마치 무슨 도인인 것처럼 보인다. 이웃의 구박에 만성이 되어 아무렇지도 않게 받아들이는 걸객(乞客)은 가히 초탈한 보살의 다른 모습처럼 느껴지기도 한다. 어느 편이나 다 장단점이 있기 마련이지만 고른 체격처럼 이상과 현실을 고루 갖추기란 어렵고 힘든 일이다.

우리는 머리 위로 하늘을 이고 발 아래로 땅을 딛고 산다. 하늘의 이상과 땅의 현실 사이의 존재인 까닭이다.

영화 '사랑과 영혼'을 보고 나서 스님 몇 분과 함께 이 영화가 사랑에 비중을 두고 있는가, 영혼에 비중을 주고 있는가 이야기를 나눈 적이 있다. 곁에서들 이 사실을 두고, "허 참, 스님도 그런 영화를 다 보는구나." 하고 크게 의아해했다.

'사랑과 영혼'은 원제 '유령'과 같이 영혼에 관한 주제에 대중성을 살려서 현대 젊은이들의 기호에 맞게 사랑 이야기로 엮어 흥행에서 성공을 거둔 영화다.

이와 비슷한 내용으로는 10년 전 월간 《다이제스트》에서 죽었다가 깨어난 생환자의 증언을 다룬 〈사후세계〉란 특집이 있었고, 영화로는 중국영화 '천년유혼'이 있었다.

불교적인 요소가 다분히 깔린 '사랑과 영혼'은 불교 용어인 '49재', '천도재', '영가(靈駕)' 등에 관한 내용을 이해시키는 데에 안성맞춤이다.

죽는 순간부터 육체와 영혼이 분리되는 과정이 잘 묘사되어 있다. 이런 관점에서 불 때, '사랑과 영혼'은 불자에게는 물론 스님들이 관람해도 해가 되지 않는다.

국립박물관에서 실크로드 특별전을 한다고 관람을 권하기에, "차 차아 갑시다." 했더니, 한 사람이 웃으면서 말하기를 "차 차

차 춤추는 것 말이요?" 하였다.

나는 차후로 차차 가자는 뜻으로 말을 한 것인데 듣는 이에 따라서는 차 차 차 춤을 연상하기도 한다. 모두가 제 소견대로 이해할 뿐이다.

예를 하나 더 들어 보자면, 한 스님이 광주 망월동 묘소 참배에 동참했을 때의 일이다.

목사님, 신부님 등 다른 종교인은 눈에 띄게 많은데 스님이라고는 두 사람이더란다.

목탁 요령을 잡고 추모 겸 천도재를 약식으로 마쳤을 때 웬 신사가 스님 앞으로 다가와 손을 불쑥 내밀면서, "신기합니다." 하는 바람에 스님은 멋적어서, "뭘요, 당연합니다." 하고 악수를 나누었다. 주위에서는 이 모습을 보고 웃는 이도 있더란다.

그 신사는 실상스님이 망월동의 묘소 참배에 동참하여 신기하다고 표현한 게 아니었다. 광주 지역구 국회의원 신기하 씨 인 것이다.

스님은 처음에 신사가 '신기합니다' 할 때에 멋적어서, '아니? 스님이라고 여기에 나올 곳이 아니란 말인가! 신기하다니!' 하고 약간 언짢았다고 한다.

모두 제멋대로 이해하는 게 우리네 살림이다.

이렇게 한편으로 치우쳐서 편견, 선입견, 고정관념이 생겨난다. 머리가 굳어지는 원인이 될 것이다. 창의력이 떨어지고 기억력이 감퇴되는 현상도 살펴보면 다 이런 데서 출발한다.

중도의 길이 어찌 이렇게도 힘드는 건지 …….

얼마 전의 일이다.

한 노보살님이 정신의 안정을 잃고 절에 온 적이 있다.

피해망상 비슷한 증세가 나타났다. 누가 자기 뒤를 좇아오는 것 같이 느껴져 무섭다고 했다. 이건 기가 약해져서 병적 증세로 발전한 경우다.

아주 정직하고 깨끗하게 살고자 하는 이들 가운데 이런 현상이 많다고 한다.

결핵요양소의 의사가 한 말이 있다.

"환자들을 살펴보다가 이런 점들을 알았지요. 결핵균은 마음이 곱고 여리고 온순한 사람 쪽에 잘 침입하는 듯 합니다. 술을 마시고 큰소리를 칠 수 있는 이들은 대개 스트레스가 오래 쌓이지 않아서 건강도 쉽게 회복된다고 봅니다.

마음이 약하고 착한 이들, 눈 한 번 크게 뜨고 반항해보지 않은 이들은 그만큼 스트레스를 풀기 어렵지요. 혼자서 속병을 앓습니다. 병균은 이때를 타고 곧잘 침입하지요."

머리에 담아 둔 생각이 많을수록 스트레스가 많이 쌓이고 이로 인하여 노이로제에 걸린다는 말에도 수긍이 간다.

바쁜 농사꾼은 노이로제에 걸리는 법이 없다.

강약을 갖추고 문무를 겸비하듯이 미추선악을 분별하여 여기에 걸리지 않기 위해서 때로는 쇠가죽같이 질긴 신경을 갖출 필요가 있지 않을까.

맞다, 도둑질 했지?

한 30년 가까운 세월 속에 묻힌 까마득한 이야기가 있다. 중학 시절 내가 학교에서 책걸상을 도둑질한 일이다.

그때 소년원을 다녀온 친구가 있었다. 우리는 신기한 소년원 생활 이야기에 귀를 기울이곤 하였다. 말하자면 그 친구는 나의 우상인 셈이다.

아버지가 음악선생님이었던 그 친구의 이름은 수인이가 아니었던가 싶다. 2층 교실을 침입할 때에는 물받이 홈통을 어렵지 않게 타고 올라가는 원숭이 기술이 있었다.

스님이 된 다음 소년원에 나가 법회를 가졌을 때에 교도관은 처음 법회에 나간 나에게 이런 이야기를 들려 주어서 감회가 여간 새롭지 않았다.

"아이들은 제가 한 행동에 대하여 미화하고 정당화하려고 하는 경향이 있습니다. 가령 법사가 이렇게 이야기를 한다면 아주 좋아할 것입니다.

너희들은 실제로 도둑이 아니다. 도둑질을 한 이는 많은데 하필 너희들만 그 시간에 잡혀서 도둑이 되었다. 허물이 있다면 시간이지 너희들이 아니다. 시간이 허물이지, 자고로 사람은 때를 잘 타고나야 한다는 말이 있지 않는가?"

주체인 사람 쪽에서 객체인 시간이나 공간 쪽으로 문제의 핵심을 돌려서 애매모호하게 한다. 계속 이런 사고방식으로 죄를 덮어서 미화하고 정당화 한다면 참회란 있을 까닭이 없다는 것이다.

수인이의 소년원 이야기에 빠진 친구가 또 하나 있다.

키가 큰 연호라는 친구는 코를 자주 흘려 코보라는 별명이 붙어 있었다. 그는 영어 실력이 뛰어나서 인기가 높았다.

수인이, 연호, 나 이렇게 셋서 학교 책걸상 도둑질 모의를 하던 차에 수인이도 떠나버려서 둘만이 남게 되었다.

연호와 나는 수인이에게서 배운 도둑질을 응용하여 종이 위에 침입 루트를 그리곤 하였다.

연호는 현관 정문으로 당당하게 들어가서 책걸상을 메고 나오는 루트를 주장하였다. 누가 물으면, "선생님 심부름이다."라고 적당히 얼버무리는 게 상책이라고 하였다.

나는 겁이 많아서 변소 부근 철조망을 통하여 들어가서 책걸상을 훔쳐내자는 안을 냈다. 내가 끝까지 고집을 부리자, 연호도 뒤따라서 내 뜻에 동조해 주었다.

디데이는 여름방학 기간 중에 있었다. 잡혔을 때 누가 물으면, "한 번만 봐 주세요. 책걸상이 없어서 공부를 못하는 불쌍한 아이들입니다." 하고 빌기로 각본을 짰다.

헌데, 우리는 책걸상을 도둑질하여 철조망을 막 넘어와서 몇 발자국을 떼어놓다가 그만 잡히고 말았다.

우리가 책걸상 두 벌을 철조망을 통하여 도둑질 할 때에 한 청년이 유심히 지켜보다가, "야, 너희 도둑놈들! 그 책걸상을 메고 이리 따라와!" 하고 가까운 그의 집으로 데리고 갔다. 죄인이라 아무 소리도 못하고 잡혀가는 신세가 되었다.

청년은 마당가에 책걸상을 내려놓게 한 다음, "너희는 말이야! 경찰에 알리면 즉시 잡혀간다. 어쩔테냐? 책걸상을 놓고 집에 그냥 돌아 갈테냐. 경찰서에 가서 콩밥을 먹을테냐?" 하고 엄포를 놓았다.

우리는 다 된 밥에 재가 뿌려진 격이 되어 억울하기 짝이 없었다.

"아저씨, 살려 주세요. 책걸상이 없어서 공부를 못합니다. 한 번만 봐 주세요. 불쌍한 아이들입니다."

손을 싹싹 빌면서 애걸복걸을 다 하였으나 소용이 없었다.

되레 발길질로 우리를 한번씩 찬 청년이, "좋다, 너희들은 말이야, 이제 학교도 못가고 죽는다. 죄를 지었으니 콩밥을 먹어야 겠다." 하고는 우선 걸상을 들고 서 있게 하였다.

하는 수 없이 울상이 되어 걸상을 하나씩 들고 한참동안 서 있었다. 시간이 흐를수록 우리는 울먹이며 온갖 사정을 하였으나 막무가내였다. 청년은 걸상을 든 우리의 팔이 구부러져 내려올 때마다 때렸다.

이윽고 우리는 울음을 터트렸다. 걸상을 들고 서서 큰소리로 엉엉 울었다.

이때였다. 방 안에서 자고 있던 그의 어머니가 벌떡 일어나서 쫓아나와 청년을 밀쳐내고 우리를 달래 주었다.

인정이 많은 그의 어머니는 세숫물을 떠다 주면서 얼굴과 손을 씻게 해주고는 어느새 가게에 가서 큼직한 수박까지 사다주었다.

쟁반 가득 수박을 쪼개어 놓고 우리에게 한쪽씩 계속 권하면서, "야들아, 먹어라, 쯧쯧. 불쌍한 놈들." 하고 등을 어루만져 줄 때에 우리는 정말 '불쌍한 놈'들이 되어 울음을 터트렸고, 엉엉 울면서 수박을 먹었다.

수박 맛이 그렇게 좋았던 적은 여태까지 없었던 것 같다. 시원하고 맛좋은 수박을 배부르게 먹고 나서 그의 어머니가 보자기로 잘 싸준 책걸상을 메고 무사히 각자의 집에 돌아왔다.

지금 생각하면 실상을 우리 몫의 책걸상이 집에 버젓이 놓여 있었는데도 무엇 때문에 그 고생을 하면서 도둑질을 하였는지 잘 알 수가 없다. 아마 도둑질의 스릴을 맛보려고 재미로 시골의 닭서리나 참외서리처럼 한 것이 아니었는지 모른다.

이튿날이었다. 밤새 악몽에 시달려서 뜬 눈으로 밤을 새우다시피 한 다음 보자기를 돌려주기 위해 청년의 집을 한차례 방문한 일이 있었다.

마침 청년은 집에 없었고 그의 어머니가 보자기를 건네 받으면서, "착한 사람이 되어라." 하고 당부한 말을 지금도 기억한다.

그 날 이후 두 번 다시 청년이나 그의 어머니를 만난 일이 없었다.

헌데, 인연치고는 참 묘한 인연이 어느 추석 날 아침 노상에서 벌어졌다. 내 나이 스무 살 무렵이었다. 어른들을 찾아 뵙고 돌아오는 길 건널목에서였다.

길을 가로질러 건너는데 앞서 마주쳐오던 한 신사가 내게 눈길을 떼지 않고 손을 내밀듯한 자세로 다가섰다. 입가에는 표현하기 힘든 미묘한 웃음이 어렸다.

나는 그의 손을 청하여 악수를 나누면서, "그간 안녕하셨어요?" 하고 수인사를 나누었다.

어디서 본 듯한 얼굴이기에 기억을 한참 더듬어 나갔다. 그러나 도무지 아리송할 뿐이었다.

신사 역시 나의 손을 놓으면서, "가만있자……" 하다가 잠시 나의 얼굴을 똑바로 바라보았다.

이때였다. 신사가 의기양양한 목소리로, "맞다, 도둑질했지? 책상말이야!" 했다.

그의 손가락이 내 가슴을 겨냥하여 똑바로 가리켰다.

순간 나는 정신이 없었다. 어떻게 군중 속을 뚫고 산으로 올라갔는지 모른다.

세상이 잿빛으로 어두워지면서 까닭모를 울화가 가슴 속에서 치밀어 올라 견디기 힘들었다.

나는 그 해 추석, 소나무 숲 속에서 애꿎은 나무를 향해 돌멩이를 던지며 보냈다.

신사가 악의 없이 단지 기억이 되살아나서, "맞다, 도둑질 했지? 책상말이야!" 하고 말한 것을 한참 뒤에 깨달았으나, 그 당시에는 왜 그리 원망스러웠는지 모른다.

나는 추석날을 쓸쓸히 산중에서 보내면서 한 가지 사실에 눈을 떴다. 죄를 짓고는 살기 어렵다는 교훈이 뼈저리게 느껴졌다.

부처님은 법구경에서 이렇게 말씀하셨다.

어리석은 자와 함께 가는 사람에겐
오래도록 근심이 따른다.
어리석은 자와 함께 사는 것은
원수와 같이 사는 것처럼 언제나 고통
어진 사람과 함께 살면
친척들의 모임처럼 즐겁기만 하다.

처녀귀신

귀신이 있느냐 없느냐의 문제를 두고 어린 아이들끼리 아무리 이야기를 해보았자 입만 아플 뿐이다. 그래서 이불 속에 드러누운 아이들은 할머니를 자꾸 졸라서, "할머니 아주 무서운 귀신 이야기를 해주세요." 하고 눈을 초롱초롱 뜬다.

할머니는 몇 번씩 했던 이야기를 반복해서 하고 정말 무서운 귀신이 있다고 한다.

밤이 깊어질수록 귀신 이야기에 팔려서 잠은 영 오질 않는다.

"할머니, 이번에는 정말 무서운 귀신 이야기를 해 주세요."

이렇게 채근하였던 소싯적 일이 바로 엊그제 같다.

이제 나는 지대방에서 들은 처녀귀신 이야기 한 토막과 함께 내가 겪은 귀신불 이야기를 하려고 한다.

걸망 속에 죽비를 담고 다니는 수좌스님의 이야기.

그는 담력이 제법 커보이고 매사에 덤비는 듯한 성격이 있었다. 어떤 경우든지 물러서지 않고 적극적인 자세에서 저돌적으로 정면 돌파를 시도하는 그였다. 선방에서 죽비를 잡는 입승 소임도 산 적이 있는 스님이었다. 해제 기간 동안 두 도반 스님들과 함께 지리산으로 만행을 떠났을 때의 일이다.

걸망을 지고 지리산 피아골 연곡사를 참배하고 두루 옛 석탑과 비(碑) 등을 살펴본 다음 걸어서 섬진강 물줄기를 따라 거슬러 올라갔다. 봄날 벚꽃이 지고 있었다. 천 꽃잎 만 꽃잎이 바람결에 흩어지는 길을 종일 걸었다. 무상(無常)법문이 발 아래 깔린 꽃잎 속에 묻어났다. 세 수좌스님은 해가 기울도록 말없이 걸었다.

하동을 지나 대숲이 짙은 동네를 벗어났을 때였다. 동네 변두리에 빈 기와집 한 채가 덩그렇게 서 있는 모습을 보았다. 동네사람들이 전하는 말로는, 처녀귀신이 밤마다 나와서 사람을 괴롭혔기 때문에 흉가가 되었다는 것이다.

벌써 해를 넘긴 채 임자가 없이 비어있어 음산한 기분이 기와집 전체에서 풍겼다. 절망에 죽비를 담고 다니는 수좌가 먼저 입을 열었다.

"이건 정말 좋은 기회야. 내가 한 번 그 처녀귀신과 시험을 걸 만 하지."

두 도반 스님은 의아스런 눈으로 바라볼 뿐 가타부타 말이 없었다.

"좋아, 자제들은 뜻이 없다면 나 혼자서라도 그 처녀귀신과 시험해 보겠네."

그래도 두 도반스님의 대답이 없자, 그 수좌스님이 결정을 내렸다.

"난, 말이네, 이 날이 오길 얼마나 기다렸다고. 귀신의 실체를 오늘밤 밝히고야 말겠네. 자네들은 싫거든 다른 집에서 자든지 어디 암자에 가든지 알아서 하게."

이 말을 남긴 그는 대문을 열고 잡초가 무성한 마당을 지나 어둠이 깃드는 집 안으로 들어섰다.

집 안은 가운데 대청마루가 크게 두 칸이고 좌우로 두 칸 방이 부엌과 함께 딸려 있었다. 신발을 신은 채 먼지가 쌓인 대청마루로 올라섰다.

그는 누더기를 입은 채 가부좌를 틀고 똑바로 앉아서 죽비를 무릎 앞에 놓았다. 오늘밤은 이렇게 앉아서 밤샘을 할 참이었다. 귀신이든 뭐든 나올테면 나와라. 이 죽비 한 대로 그저 … 하는 자세로 대문 쪽을 향해 눈을 크게 뜨고 귀를 곤두세웠다.

시간이 흘러갈수록 오래 걸었던 탓인지 졸음이 자꾸 찾아왔다. 정신이 가물거렸다가 되돌아오곤 하였다.

한편 마을 집에서 저녁을 얻어먹고 잠자리에 들었던 두 스님은 도반을 흉가에 남겨둔 일이 끝내 마음에 걸려 다시 일어나서 한밤중에 흉가로 향하였다. 두 스님이 막 흉가에 다달았을 때였다. 발길질로 대문을 박차고 흉가 대청마루로 뛰어들었다. 죽비를 무릎 앞에 놓고 졸음에 지쳐있던 수좌스님은 갑자기 뛰어드는 ‘두 처녀귀신’이 얼마나 놀랍게 덤비든지 그만 기절초풍하였던 것이다. 한참만에 두 도반 스님의 도움으로 깨어난 수좌스님이 입을 열었다.

“그, 무서운, 흰 옷 입은, 처녀, 귀신이 어디갔소?”

이때 두 도반스님은 크게 웃었다.

“뭐? 흰 옷을 입은 처녀귀신?”

“그래, 흰 옷 입은, 처녀귀신이, 나한테 막 뛰어들었네.”

“허, 처녀귀신이 있던가?”

“음, 처녀귀신을 내 눈으로, 똑똑히 보았네!”

이후 수좌스님은 만용을 부리는 일이 크게 줄어들고 아주 겸허한 자세로 돌아가 잘 지내고 있다는 소식.

8~9년 전에 내가 해인사에서 본 귀신불은 지금 생각해 보아도 퍽 실감이 난다. 그 때 나는 해인강원 사집반 청강생이었다.

저녁마다 선어록 서장(書狀)의 논강(論講)이 도서관에서 한 시간씩 있었다. 그 날은 논강 전까지 비가 내리지 않았는데 논강이 시작될 무렵에 급작스런 폭우가 장대같이 쏟아져 내렸다. 논강이 끝났을 때에는 물줄기가 불어서 도량물이 강을 이룰 정도였다.

나는 큰절에서 자고 가라고 한사코 만류하는 도반을 뒤로 하고 암자로 발길을 옮겼다. 큰절 도반이 준비해 준 우산도 얼마 안가서 큰 비에 별무효과였다. 가까운 암자였기에 대수롭지 않게 여기고 길을 나섰다가 옷이 물에 빠진듯 흠뻑 젖어버렸다.

이때부터 마음이 다급해졌다. 어서 암자에 가야겠다는 생각에서 평소에 다니는 길을 제쳐두고 잘 다니지 않는 지름길로 접어들었다.

그런데 여기서 또다시 문제가 생겨났다.

도통 길이 보이지를 않았다. 나는 왔던 곳으로 되돌아 갔다가 다시 거슬러 와서 헤매기를 반 시간쯤 하였다. 정말 미칠지경이었다. 정신이 오락가락하기 직전이었다.

낮은 언덕 아래로 미끌어져 나뒹굴어졌다가 일어났을 때에는 반쯤 정신이 나간 상태에 있었다. 나는 이때 앞쪽에 있는 불빛을 보았다. 흐린 형광등 불빛과 같이 희뿌연 불빛이었다.

"누구요? 이 밤중에 ……?"

나는 재차 묻고는 불빛을 쫓아갔다. 그러나 몇 발자국을 떼어놓기가 무섭게 불빛이 사라져버렸다.

"……?"

뒤를 돌아다보니 그 희뿌연 불빛이 다시 나타나 있었다.

나는 갈 길을 잃고 불빛을 쫓아 앞 뒤로 가기를 몇 차례 하였다. 환장할 노릇이었다. 나는 몇 번이나 나뒹굴어지다 정신을 가다듬고 빗속에서 옷을 모두 벗었다가 다시 차근차근 입었다. 허리띠도 다시 매어서 기분이 새로와졌다. 잠시 심호흡을 하였다. 이것은 흐릿한 정신을 잘 가다듬고자 할 때 쓰는 내 나름대로의 방법이다.

그 날 밤 나는 장대같이 쏟아지는 빗줄기 속에서 귀신불의 정체를 밝혀내었다. 우선 정신을 차리고 희뿌연 불빛이 커졌다가 사라지는 까닭을 먼저 밝혀내었다. 이유는 간단하였다. 시선의 각도가 달라짐에 따라서 불빛이 보였다가 사라지는 것이다. 그리고 그 불빛의 정체를 호주머니 안에 한 줌 집어넣고 암자에 돌아와서 살펴보니 썩은 나무 부스러기였다. 고목 가운데가 썩어서 빗물이 흘러내릴 때에 그 썩은 나무 부스러기가 빗물과 함께 땅바닥으로 흘러내렸는데, 썩은 나무 부스러기는 인(燐)이 되어 빛을 내고 있었다.

이튿날 잠자리에서 깨어나자 온몸이 쑤시고 아렸으나, 귀신불의 정체를 밝혀냈다는 뿌듯함에 나는 한동안 의기양양해 있었다.

희극 한마당

　지금 생각하면 웃음이 나오는 일이지만 그 당시에는 정말 죽을 지경이었다. 큰스님이 주례스님이시고, 내가 결혼식 사회를 본 삼사십 분 동안은 지옥같은 시간이었다.

　내가 한 마디 말을 꺼낼 때마다 큰스님이 대중 앞에서 서슴없이 핀잔을 주시기 일쑤였으니…….

　본래 사회자는 재무스님이었다. 절 인근마을 청년인 신랑이 재무스님과 친분이 있는 관계로 모든 일을 재무스님이 도맡아서 하기로 되어 있었다.

　사자루 누각 입구 한 켠에는 결혼식 광고를 써 붙이고 식장 안에는 주례 단상과 식순 등의 준비를 마쳤다. 이제 곧 결혼식이 시작될 때 쯤 갑자기 재무스님에게 일이 생겨버렸다.

　"스님, 급한 일이 생겨서 사중 밖으로 나가야겠소. 결혼식 사회를 대신 좀 봐주시오. 벽에 써 붙인 식순대로만 읽으면 별 일이 없을 것입니다."

　이 말을 남겨두고 재무스님은 내가 가타부타 대답도 하기 전에 바쁜 걸음으로 떠나버렸다. 사회는 아무나 보는 일이 아닐 것이다. 스포츠 경기 아나운서는 그 날 첫 경기 일정보다 적어도 두어 시간 전에 경기장에 나가서 장내 분위기를 익히면서 사전 준비에 만전을 기한다는 이야기를 들었다.

면밀한 사전 준비없이 급작스레 사회자로 나서게 되는 경우에 흔히 나와 같은 봉변을 당하기 마련이다. 하여간 나는 울며 겨자 먹기 식으로 떠밀려서 결혼식장에 들어가 섰다. 딱 부러지게 거절 못하고 우유부단하게 우물쭈물거리다가 사회자로 반 승낙이 된 셈이다. 이 몹쓸 성격이 여태 고쳐지지 않아서 아직까지 곤욕을 치르기도 한다.

"아니, 전 못합니다."

이런 말이 목구멍 속에서 빙빙 돌다가 사라져 버린다. 마음 약한 것도 병이라면 큰 병이다. 나는 얼떨결에 결혼식 사회자가 되어 멋모르고 마이크 앞에 섰다.

"에~또, 지금부터 결혼식을 시작하겠습니다. 내빈 여러분께서는 자리에서 일어서 주십시오."

조심을 다해 천천히 입을 열었다.

내빈들이 자리에서 일어날 때 쯤이었다.

내 뒤에 선 큰스님이, "'에~또' 소리는 빼고 말해라." 하셨다.

나는 이크나 하고 마음이 조마조마 해지기 시작하였다.

삼귀의례(三歸依禮), 반야심경 다음 내빈들을 자리에 앉혔다. 식순에 따라 주례스님을 소개할 차례였다.

"오늘 주례를 보실 스님은 윗 자는 무슨 자, 아랫 자는 무슨 자 되는 스님……" 할 때쯤 큰스님이 급히 말씀하셨다.

"윗 자, 아랫 자 하지 말고 그냥 이름을 말해라."

그 때만 해도 큰스님의 함자를 남 앞에 말할 때에는 법도에 맞게 반드시 윗 자, 아랫 자로 밖에 말할 줄을 몰랐던 나였다. 헌데,

이 방법이 틀렸다니 난감한 일이었다.

나는 안간힘을 써서 입을 열었다.

"에~또, 오늘 주례를 보실 스님은 연화당에 계시는 아무개 스님이십니다."

"누가 연화당에 있다고 하면 아냐? 대본산 주지를 역임한, 이렇게 소개해야 알지!"

또다시 불똥이 튀었다. 큰스님의 격앙된 목소리에 주눅이 들린 나는 다시 정정해서 기어 들어가는 목소리로 세 번째로 주례스님을 소개하였다. 식은 땀이 온 몸에 배었다. 일 분 일 초가 지옥같은 시간이었다.

"에~또, 오늘 주례를 보실 스님은 대본산 주지를 역임하신 아무개 큰스님이십니다."

이제야 큰스님이 주례석에 등단하셨다.

나는 다음 식순을 읽었다. '신랑 신부 입장'은 빠졌고 바로 '주례사'로 이어졌다. 아마 재무스님이 '신랑 신부 입장' 순서를 생략하고 대충 식순을 적은 모양이다.

나는 처음으로 결혼식 사회를 본 탓으로 이 사실을 알리 만무하였다. 무엇이 어찌 돌아가는지 감이 잡히질 않고 단지 결혼식이어서 끝났으면 하는 생각뿐이었다.

나는 마이크 위치를 바로 하고는 힘을 모아 조심조심 입을 열었다.

"다음은 주례스님의 주례사가 있겠습니다."

이제 사회자의 눈에 내빈들의 모습이 보이기 시작하였다. 일이 잘 풀리겠지 하고는 잠시 안도의 숨을 내쉬고는 주례사를 기다렸다. 큰스님의 주례사가 또박또박 이어졌다.

"오늘, 불전에서 결혼식을 올리는 신랑 신부에게 부처님 법문 한 말씀 드리고자 합니다 ······."

이때였다. 주례사가 뚝 그치고 내게 날벼락이 떨어졌다.

"야, 사회자가 왜 그 모양이냐? 신랑 신부도 없지 않아?"

식장의 들끓는 웃음소리에 나는 정신이 아득해짐을 느꼈다. 큰스님이 내게 화살을 던지셨다.

"자세히 봐라. 신랑 신부도 없이 무슨 주례사가 있느냐? 결혼식을 새로 시작해라!"

나는 희미해지는 정신을 가다듬고 입을 열었다. 아, 그 지옥같은 순간은 천신만고 그대로였다.

"에~또, 그러면 다시 결혼식순을 바꿔서 시작하겠습니다. 식순에 따라 신랑 신부의 입장이 있겠습니다."

"신랑 입장, 신부 입장은 따로해야지."

나는 영문을 모르고 그저 멍한 상태에서 기계적으로 입을 열 뿐이었다.

"그러면, 신랑 입장이 있겠습니다."

신랑의 입장이 마쳐졌다.

"다음은 신부 입장이 있겠습니다."

헌데, 3분이 지나고 5분이 지나도 신부의 모습은 나타나질 않는다. 나는 자포자기 상태에서 가만히 서 있을 뿐이었다. 멍한 표정으로 서 있는 내게 시선을 집중한 내빈들의 '하하 호호' 하고 웃는 얼굴들이 꿈 속의 일처럼 보였다.

나는 다시 용기를 내어 이때다 싶어 한 마디 변명이라도 늘어놓아야 겠다는 생각에서,

"대단히 죄송합니다. 이번 결혼식장에 본의 아니게 웃음 거리를 제공한 것 같습니다. 이런 경우라면 예를 들면, 저희 스님들이 한번쯤 멋진 결혼식을 겪어본 경험이 있다면… 이런 실수가 없었을 것……."

하고 무참한 순간을 넘기려는게 오히려 탈이다. 주례스님이 마이크로 크게 꾸짖으신다.

"그런 잔소리는 하지도 말고 사회나 잘 봐라."

신부가 입장하는 동안 또 다시 장내는 떠나갈 듯한 웃음 바다에 파묻혔다. 일촉즉발의 위기는 기어코 무너져서 나를 처참하기 짝이없게 만들어 버렸다.

그 이후의 이야기는 나도 잘 모를 지경이었다. 지그재그 되는 대로 흘러가서 만신창이 되었다. 꿈이라면 차라리 좋았을 터인데 불행하게도 현실이었으니….

정신없이 결혼식을 마친 후 내가 머문 방으로 돌아와서 가사 장삼을 벗을 때 땀으로 목욕한 나를 발견했다. 기진맥진한 상태에서 어떻게 삼사십 분을 견디어 냈는지 모를 지경이었다. 악몽같은 순간이었다. 아마 10년도 더 감수한 일이 아니었을까.

자신의 결혼식도 치르지 못한 주제에 남의 결혼식 사례를 선 배짱은 또 어디서 온 것인지. 희극 한마당은 아직도 막을 내리지 않았다.

참 잘못했습니다

　모든 생명을 아껴 자비심을 내야 한다는 '생명본위' 정신은 인본주의의 경종이다.

　우리는 미물 곤충 하나라도 산 목숨인 이상 아무 이유없이 다치게 하거나 죽여서는 안된다. 미물 곤충도 인간과 마찬가지로 한 생명의 소유자로서 동등한 가치를 지녔기 때문이다.

　중세기의 사상, 사조의 꽃 인본주의는 신에게서 인간 자신에게로 관점이 돌아오는 데에 큰 변화를 가져왔으나 2500년 전 부처님께서 재창하신 생명본위에 비하면 한참 멀었다.

　생명은 존귀하여 누구라도 다치게 하거나 죽일 권리가 없다. 동등한 입장에서 자비심을 내야 하는 게 부처님의 제 1단계다.

　한두 해 전에 완도에 사는 한 영업용 택시 기사가 겪은 체험담이 있다. 그는 부업으로 소규모 어장을 차려서 단란한 가정을 꾸려 그런대로 재미있게 생활하는 30대의 가장이었다.

　아침 썰물 때면 어장에 나가 밤새 그물에 걸린 고기를 거두어 오곤 하였다.

　어느 날 아침이었다.

　걸린 고기 가운데에 어린아이 팔뚝만한 굵기의 큰 장어가 들어 있었다.

“허, 이건 큰 횡재군!”

그는 입맛을 다시고 장어를 찬찬히 훑어보다가 의아해졌다. 이제껏 바닥가에서 짠물을 먹고 자란 그로서도 생전 처음 보는 장어였기 때문이었다. 장어같기도 하고 아닌 것 같기도 한 이상한 고기였다.

동네 어른들은 이상한 장어를 보고 말하였다.

“이건 말일세. 물뱀이야.”

“물뱀들도 철이 되면 이 섬에서 저 섬으로 이사를 가는 일이 있지. 한 줄로 나란히 떼지어서 바다를 건너간단 말이야.”

“그러니까, 이사가던 뱀들 가운데서 대장이 그만 잡힌 꼴이 되었구먼.”

이런 말끝에 한 노인이 뒷말을 남겼다.

“잘 들어두게. 바닷그물로 잡아야 할 고기가 있고 살려줘야 할 고기가 있는 법이네. 이 대장 뱀은 영물이니 살려주어야 하네.”

헌데 운전기사의 욕심으로는 이 대장 뱀을 바다에 다시 놓아주기가 몹시 아까왔다. 도시에 나가 판다면 한 몫을 챙기리라는 기대를 쉽게 떨쳐버릴 수가 없었던 것이다.

그는 아침을 먹은 후 택시 영업을 제쳐두고 뱀을 팔러 완도읍으로 내려갔다. 훗가 40만 원.

다시 횡재의 기회를 놓치기 싫어서 그는 목포로 급히 택시를 몰았다. 여기서는 훗가 60만 원.

다시 욕심을 부려서 광주로.

시내 뱀집에서는 예상보다 낮은 값으로 훗가 50만 원.

하는 수 없이 가장 값이 높은 목포 뱀집으로 되돌아 가서 60만 원에 거래를 하는 것으로 일단락을 지은 그는 하루 일당치고는 괜찮은 수입이라고 흐뭇해 하였다.

그 날 밤이었다. 꿈이 이어졌다. 바닷가 벼랑으로 난 길을 따라 택시를 몰고 가다가 급커브에서 낮에 판 뱀이 핸들을 칭칭 감아 대는 바람에 바다로 떨어지는 꿈의 연속이었다. 한 차례 꿈을 꾸고 깨어날 때마다 온몸에 식은 땀이 흠씬 배었다.

새벽녘에 담배를 피워 물고는, "이번 일은 불길해. 더 이상 이렇게 가다가는 큰 변이 날 것 같군." 하고 깊이 탄식을 하였다.

그러나 뱀을 다시 사는 일은 쉽지 않았다. 그가 뱀집으로 갔을 때에 뱀은 이미 광주 뱀집으로 팔린 뒤였다.

광주에 급히 올라가 이 뱀집 저 뱀집을 뒤져서 대장 뱀을 찾았을 때에는 한낮도 기울었다. 헌데 값이 올라서 훗가 80만 원. 그는 사정사정해서 대장 뱀을 다시 70만 원에 샀다.

집으로 돌아올 때에는 떡, 과일 등 제물을 준비해 가지고 오는 것을 잊지 않았다.

다음 날 아침이었다. 그는 당산나무 앞에 제물을 차려놓고 대장 뱀을 그 가운데 모셔놓고는 절을 꾸벅꾸벅하면서 이렇게 빌었다.

"참, 잘못했습니다. 어서 잘 가세요."

그래도 뱀이 제 갈 길을 찾지 못해 두리번거렸다.

그는 거푸 큰 절을 올리면서 빌었다.

"참, 잘못했습니다. 어서 잘 가세요."

대장 뱀이 한참만에 꾸물꾸물 기어서 바닷가로 나아가다가 말고 이쪽을 한 차례씩 바라볼 때마다 그는 계속해서 손짓을 보내었다.

"참, 잘못했습니다. 어서 가세요."

이와 비슷한 뱀 이야기가 또 있다.

지리산 노고단 정상까지 찻길을 내는 일을 하던 네 해 전 어느 여름 날이었다.

대형 포크레인으로 거대한 산 허리를 깎아 평탄한 길을 내고 있을 때였다.

간밤에 총감독에게 현몽하기를, "이보시게, 내일 하루만 도로 공사 일을 기다려 주시게. 뱀 식구가 이사를 가야 하오." 하고 흰 옷을 입은 백발 노인이 간청하였다.

"……."

그러나 총감독은 이를 묵살하고 도로공사 진행 일정에 따라 일을 추진해 나갔다. 그 날 포크레인 손갈퀴에는 수십 년 묵은 뱀이 짓이겨져 나왔다. 이어서 크고 작은 뱀 십여 마리가 쏟아져 나왔다. 인부들은 좋아라 이 뱀들을 잡아서 구워 먹었다. 점심식사 후 오후 일과를 시작하였다.

헌데 이 뱀을 구워먹은 십 여 명의 인부들은 갑자기 복통을 일으켜 구급차에 실려가기도 전에 목숨을 잃고 말았다. 알 수 없는 일이었다.

총감독은 그제서야 간밤의 꿈에 산신이 나타나서 현몽한 줄을 깨달았다.

꿈치고는 영(靈)한 데가 있다.

이런 일을 경험삼아 꿈을 고지식하게 믿는다는 건 우스운 일이지만 이러이러한 점은 주의하고 넘어가라는 대목만은 눈여겨 둘 필요가 있지 않을까.

"참, 잘못했습니다."

뒤늦게 총감독이 백발 산신에게 간절히 빌었으나, 죽은 목숨을 돌이킬 길은 없었다.

산신의 노여움을 푸는 산신제가 베풀어졌을 때 총감독은 뜨거운 눈물을 글썽이며 거듭 빌었다.

"참, 잘못했습니다."

연 수좌 이야기

연(蓮) 수좌의 출가 발심 이야기는 지대방 청중 대중을 휘어잡고도 남았다. 그의 구변은 설통(說通)을 하였다고 찬탄할 정도였으니까.

다음에서 나는 그의 출가 발심 이야기를 그대로 옮겨 보려고 한다. 간혹 기억이 희미한 대목에 가서는 나의 생각이 덧붙여질 것이다.

연 수좌가 출가 전 고3 여름방학 때에 산 속 절에 가서 공부를 하고 있을 때였다. 그 날도 툇마루에서 밥상을 놓고 책상 삼아 공부를 하고 있었다.

늦은 오후였다.

옆방에 선방에서 지낸 객스님이 와서 머물렀다. 선방 객스님은 아직 20대 초반의 젊은 나이인데도 퍽 위엄이 있고 노련해 보였다.

특히 작설차를 혼자서 조용히 마시면서 시선을 앞산머리에 두고 멀건히 바라보는 모습이 일품이었다. 곧은 허리에 단정한 몸가짐이 부처님 모습 그대로였다.

객스님의 나이는 연 수좌보다 많아야 서너 살 연상인데도 대단한 연로 선배처럼 느껴졌다. 어딘지 모르게 가까이 범접치 못할 것 같은 두려움마저도 따랐다. 앉고 서고 걸어다니는 모습이 빳빳하게 다려입은 객스님의 무명 승복처럼 절도있게 느껴졌다. 존경심이 절로 우러나서 무슨 말이나 좀 붙여보고 싶을 지경이었다.

"스님은 어디서 오셨습니까?"

연 수좌가 객스님에게 처음으로 입을 떼어 물었다. 마루에 조용히 앉아서 앞산을 바라보고 있던 객스님이 돌아보지도 않고 느릿느릿 말하였다.

"어디서 왔으면 뭘 하고 어디로 간들 뭣 하겠소?"

듣고보니 꼭 맞는 말같다. 그러나 물러서지 않고 다시 물었다.

"스님은 출가를 언제 하셨습니까?"

"언제 출가하였든지 상관하지 말고 학생은 공부나 열심히 하면 될 것이오."

그는 조금도 동요하는 빛이 없이 느릿느릿 말하였다. 이 대답 역시 그럴싸한 말이라고 생각하였다. 연 수좌는 속으로 약간 찔끔하였다.

"참선공부는 무엇입니까?"

"학생이 실제로 공부를 해봐야 알지, 그외에는 달리 방도가 없지요."

말마다 이치에 딱딱 들어 맞는다. 이제는 더 이상 물을 필요를 느끼지 않았다.

연 수좌는 발심(發心)이 되어 출가를 하였다. 선방 안거로 1년 반의 세월이 흘렀다. 이제는 객스님의 경지에 도달한 자신을 느졌다.

누가 연 수좌에게, "스님은 어디서 오셨습니까?" 할 때에 느릿
느릿 이렇게 대답한다.

"어디서 왔으면 뭘 하고 어디로 간들 뭣 하겠소?"

"스님은 출가를 언제 하셨습니까?" 하고 물을 때에는, "언제 출
가하였든지 상관하지 말고 제 일이나 열심히 하면 될 것이오." 하
고 대답한다.

참선공부를 누가 물을 때에는, "자기 스스로 공부해 봐야 알지,
그외는 달리 방도가 없소." 한다.

쉽사리 이 경지에 도달한 자신을 대견하게 여기고 대중선원 생
활에 들어가 있을 때였다. 절제없이 밀어붙이다가 몸에 병을 얻
어서 더 지탱하기 어려웠다.

조용한 암자에 가서 약을 달여 먹을 생각으로 길을 떠났다. 연
수좌는 암자 주지스님을 사판승으로 대수롭게 여기지 않고 있었
다. '기껏해야 목탁이나 잘 다루는 중이겠지' 하는 생각 뿐이었다.

한 암자에 닿아 여장을 풀었다. 연 수좌는 주지스님과 마주 앉
아서 먼저 거량에 나섰다.

"조주 무(無)자의 뜻을 일러 주시오."

주지스님은 금강경을 가져와서 연 수좌 앞에 펴놓은 다음, "이
금강경 사구게(四句偈)를 풀이해 보시오." 하고 손가락으로 사구
게를 가리켰다. 연 수좌는 얼른 금강경을 집어들어 마루 한쪽으
로 던져버렸다.

주지스님이 금강경을 주워와서 아까와 같이 사구게를 풀이해

보라고 말하면서, "책을 던진다고 풀이가 나옵니까? 격외도리는 그렇다치고 한 번 차근차근 사구게를 풀이해 보시오. 알아듣기 쉽게 이야기를 나눠봅시다." 하고 대들었다.

의외로 주지스님의 반격이 자신만만하였다.

이번에도 연 수좌는 금강경을 집어 들어서 아까보다 훨씬 멀리 마루 저편으로 휙 던져버렸다.

주지스님은 다시 금강경을 주워와서 사구게를 펴놓고는, "마조 원상(馬祖圓相)을 뭉개는 도리밖에 되지 않는군. 서로 이야기가 통하도록 사구게를 풀이해 보시오." 하고 지그시 연 수좌를 바라보았다.

연 수좌는 이 대목에 와서 손을 들고 말았다. 사실 선방에 다니는 동안 경전은 별로 읽은 바 없고 더구나 금강경의 사구게 풀이에도 자신이 없었다.

더이상 금강경을 집어던질 생각을 하지 못한 연 수좌는, "주지스님께서 사구게를 한 번 풀이해 주시오," 하고 주지스님에게 공경하게 법문을 청하였다.

그는 금강경 등 부처님 경전을 읽어가면서 새롭게 정진을 계속하였다. 이 이후 나름대로 힘을 얻은 연 수좌가 토굴에서 한적하게 지낼 때의 일이다. 절 아랫마을 닷새장날에 장터에 나갔다가 수박 한 덩이를 사서 옆구리에 끼고 오던 길에 일이 벌어졌다.

60먹은 노보살이 옆을 지나가다가 슬쩍 부딪혀서 수박이 땅바닥에 굴러 떨어져 버린 것이다. 수박은 두세 조각으로 쪼개져서 땅바닥에 흩어졌다.

연 수좌가 장터바닥에 깨어진 수박을 내려다보며 노보살을 멍하니 건네다 보자, 노보살이 불쑥 말을 하였다.

"무슨 중이 정신을 놓고 가다가 수박 하나도 제대로 못 가져가?"

연 수좌는 정신이 번쩍 들었다. 깨어진 수박은 아랑곳 없고 불쑥 내뱉는 노보살의 한 마디는 할(喝)이었다.

좁은 장터바닥에 깨어져 흩어진 수박을 장꾼들이 마구 짓밟고 지나가는 동안, 연 수좌는 잠시 정신을 가다듬고 노보살 앞으로 가 섰다.

"보살님, 보살님 사시는 데가 어딥니까?"

연 수좌가 조심스럽게 묻자, 노보살이 대뜸 한 마디 더 쏘아붙인다.

"이런, 산 사람 앞에 두고 사는 데를 왜 물어?"

덫에 걸린 짐승마냥 궁지에 몰려 점점 조여들어가는 모습이었다. 낭패였다. 여기서 항복하여 백기를 들 수밖에.

노보살이 장거리를 사가지고 운수리로 향하는데, 연 수좌가 그녀의 뒤를 쫓아 발걸음을 옮겼을 때에는 늦은 오후였다.

노보살의 집은 한길 가의 주막집이었다. 한길과 주막 사이에는 작은 냇물이 흘러서 그 사이에 나무다리가 놓여 있다.

첫눈에 풍류의 멋이 풍겼다.

주막집은 삼간초가의 본체 외에 별채가 본채와 나란히 일자로서 있다. 별채는 두 칸 집이다. 두 지붕 위에는 박과 박 넝쿨이 뒤엉켜 무성히 자라고 있다. 연 수좌가 노보살을 뒤따라 가느라고 점심도 거르고 운수리 주막에 닿은 때는 석양 무렵이었다.

주막에 들어서자, 연 수좌는 다짜고짜로 술청에 올라 앉았다. 농사철이기 때문일까, 아니면 아직 술을 마실 때가 이른 시간이기 때문일까. 술청에는 주모 한 사람만이 김치를 담그고 있을 뿐 손님이 없었다.

이윽고 노보살이 밥상을 차려와서 연 수좌 앞에 놓았다.

"젊은 계집 뒤나 쫓아야지, 늙고 쪼글쪼글 오무라든 할망구를 따라와서 어쩔 셈이야!"

말씨는 여전히 누그러지지 않았으나, 밥상을 차려주는 솜씨만은 정성스러웠다.

날이 차츰 어두워졌다. 호롱불을 붙여 마루처마 밑에 내걸고 마당에 모깃불을 피워두고 돌아온 노보살과 새로 차려온 술상 앞에 마주 앉았다. 밤이 깊어가면서 연 수좌와 노보살의 이야기는 흥이 일었다. 연 수좌가 건네 준 술잔을 들이키면서 노보살은 그녀의 전생사를 천천히 털어놓기 시작하였다.

노보살은 스물 서너 살에 청상과부가 되었다. 다행히 유복자로 태어난 게 아들이었다. 오로지 아들 하나에 희망을 걸고 살아왔다. 헌데 장성한 아들이 군에 입대하였다가 전방 보초를 순찰하던 중 지뢰를 잘못 밟아서 죽고 말았다. 노보살은 흰 유골함을 건네받은 날을 아직도 뚜렷이 기억하고 있다.

그녀는 흰 유골함을 안고 밤새워 울면서, "영식아, 영식아, 어디 있느냐? 이 어미 말을 듣느냐?" 하고 영식이를 앞에 둔 양 혼자서 이야기를 꺼내었다. 실신하였다가 깨어나고 잠들었다가 울면서 이야기를 계속하였다.

며칠 밥도 먹지 않고 이웃 사람들이 끓여다 주는 음식은 그냥 방 밖으로 내보내었다.

잠을 자면서도 흰 유골함을 안고 잤다. 자나깨나 영식이의 간 곳이 궁금할 뿐이었다. 그 뒤에 다소 정신을 차리고 식사를 하였으나 밤낮으로 영식이를 찾고 부르는 일만을 계속하였다.

이런 처절한 통곡의 시간이 반 년이 흘렀다. 어느 날 새벽이었다. 노보살은 홀연 인생무상의 도리에 눈을 떴다. 그리고는 절에 가서 아들의 천도재를 지내고 돌아왔다.

이제 노보살은 옛날의 그녀 모습이 아니었다. 생사의 문제에 나름대로 주관이 서서 확실하였다. 아들의 천도재를 지낼 때에 독경하였던 금강경을 수시로 읽으면서 더욱 자신의 입지를 다졌다. 부처님 말씀 한 구절 한 구절이 살아서 자신의 가슴 속에 박혔다. 금강경 사구게의 법문 그대로가 그녀의 오도송(悟道頌)이었다.

주막에서 밤을 새우면서 노보살의 이야기에 심취당한 연 수좌는 이튿날 아침 눈을 떴을 때 먼저 자신의 초라한 모습이 눈에 띄었다. 그 길로 그는 토굴에 들어가 이를 악물고 불철주야 용맹정진에 들어갔다. 이젠 마지막 기회로 생각하고 생사문제와 대결할 비장한 각오를 한 것이다.

산삼 꿈

'정선 아리랑'의 본 고장 강원도 정선 땅에 자리한 한 고찰은 몹시 낡아서 중창불사를 해야 할 처지에 놓여 있었다. 법당과 승당은 수리를 한 지가 수십 년이 지나서 섣불리 손대기조차 어려웠다.

그렇다고 대시주(大施主)가 선뜻 나설 것도 아니고 주지스님의 수완이 빼어난 것도 아니었다. 신도들이 참배를 와서 법당과 승당이 낡은 것을 염려하지 않은 이가 없었으나, 쉽사리 시주자로 나선 이는 드물었다.

더욱이 사회 경제는 극심한 가뭄과 데모의 혼란으로 어려워 갔다. 주지스님은 그저 조석 예불 중에 부처님을 잘 모시지 못함을 송구스러워 하면서, "저희들은 정성 모아 제불보살님의 가피입기를 발원합니다. 이 곳 정선 땅의 불법이 쇠퇴해지려는 이때 제불보살님께서 굽어 살펴 주시옵소서." 하고 재삼 발원을 올렸다.

주지스님은 선방 수좌로서 제방선원에서 정진을 계속해 오다가 인연따라 주지의 소임을 맡고는, "내가 언제 선방 수좌였지?" 하고는 사판승의 길에 쉽게 올라섰다.

선방 수좌에게 말사 주지는 쉬운 소임이 아니다.

절 살림살이를 도맡아서 꾸려 나가는 일이 생소할 뿐더러 신도들의 크고 작은 사정에도 귀 기울여서 거슬리지 않아야 하기 때문이다.

　말하자면 큰 시집살이인 셈이다. 정월 대보름날 부엌 솥 안에 뜨거운 물을 많이 덥혀 두지 않았다고 해서, "아니, 사람들이 올 줄을 알고도 따뜻한 물을 준비해 두지 않다니!" 하고 호통치는 기가 펄펄한 보살님이 있는가 하면, 쌀 두어 되를 내놓고 "저는 독불공(獨佛供)이라야 합니다. 다른 사람과 함께 불공하게 되면 정신이 헷갈려서 공이 안 들어가요." 하고는 기어이 혼자 따로 불공을 요청하는 이가 있다.

　웃지 못할 이야기도 있다.

　"저번 주지스님은 살림하는 부인이 있어서 말 건네기가 좋았는데, 이번 주지스님은 홀몸인가 봐!" 하고는 가족이 없는가 묻기도 한다.

　정초에는 토정비결을 봐 달라고 채근하고 사주, 관상, 손금, 택일 등을 묻고 작명을 못하느냐고도 한다.

　그런 건 바른 부처님 법이 아니며 관상보다 심상(心相)이 중요하다고 정법(正法)이 무엇인지 누누히 설명해도 산중 아낙네들에게는 소 귀에 경 읽기 격이다.

　숱한 어려움을 넘기지 못하면 말사 주지직에서 밀려나기 마련이다. 그러나 주지스님은 참고 참아서 큰 어려움 없이 햇수를 넘겼다. 신도들의 참배 발길이 차츰 뜸해져 가도 주지스님은 소신껏 정법을 주장하는 데에 물러서는 법이 없었다.

　돈 많은 신도가 전화로, "스님, 오늘 낮에 불공을 부탁합니다. 저의 토지가 팔리지 않으니 부처님 전에 정성껏 기도 발원을 올려 주십시오.” 하였을 때였다.

주지스님은, “그런 불공은 하지 않는 게 낫습니다. 보내신 불공비는 다시 보낼 터이니 그리 아시오. 참 마음으로 본인이 불전에 나서서 제 허물을 뉘우치고 부처님의 가르침대로 살겠다고 다짐해야 합니다.” 하고 오히려 냉정하게 거절하였다.

이렇게 굴러온 호박덩이 마저도 차버리는 격이니, 불사가 힘든 건 뻔한 일이다. 주지스님이 잘한다고 응원을 보내는 신도는 줄어들고 스님을 큰 무당으로 밖에 보지 않는 신도들은 하나 둘 발길을 돌리기 예사였다.

늦가을이었다.

가을걷이로 눈코 뜰새 없이 바빴다. 일과 공부를 나누어서 생각하지 않는 주지스님은 오로지 한마음으로 불사를 잘해서 부처님 도량을 가꾸고자 노력할 뿐이었다.

곤한 잠에 떨어져서 잘 때에도 한편으로는 정신이 맑았다. 몸은 천근만근 무겁지만 정신은 흐트러지는 법이 없었다.

단풍이 한물 지나서 추위를 재촉하는 어느 청량한 초겨울 날 아침이었다. 주지스님은 불전에 향을 사르고 아침 예불을 마친 뒤에 특별히 따로 산신불공을 조촐하게 마쳤다. 간밤의 산삼 꿈 때문이었다.

절 북서 계곡이 한눈에 들어오는 전망 좋은 곳이 꿈 속에서 보였다. 생시나 다름없이 산골 풍경이 역력하였다. 많은 하늘과 흰 구름도 뚜렷하였다.

이 풍경 속에서 또다른 풀이 눈에 띄었다. 산삼이다. 그것도 한

두 개가 아니고 산삼이 무더기로 어우러져 있었다. 삼지오엽(三枝五葉)의 산삼 잎이 오랫동안 머물렀다가 사라졌다. 새벽 풍경 소리에 눈을 떴을 때에도 산삼 무더기가 눈앞에 어른거렸다.

산신불공을 마친 주지스님은 법당 안에서 잠시 정좌하고 앉았다.

'어느 심마니가 적합할까?'

주지스님은 가장 연로한 심마니를 생각해내고 회심의 미소를 지었다.

아침 공양을 마친 후, 주지스님은 머리에 떠오른 심마니를 찾아나섰다. 서울에 사는 노보살이었다.

노보살은 주지스님의 방문을 받고 몹시 기뻐하였다.

주지스님의 꿈 이야기가 끝나자 노보살이, "반 타작입니다." 하였다. 산삼 두 뿌리를 캐면 한 뿌리씩 반반으로 나누자는 뜻이다.

그 이튿날이다. 목욕재계한 노보살이 산삼을 찾아나섰으나, 의외로 헛탕이었다.

주지스님의 꿈 이야기대로 샅샅이 산삼을 찾아나섰으나 해가 저물도록 찾지 못했다.

노보살은 아침에 생기차게 나서던 것과는 달리 맥이 풀어져서 절에 돌아와, "아마, 꿈은 꿈인가 봅니다." 하고 주지스님에게 말하였다.

수십 년 경험으로 봐서 이번 산삼 꿈은 실패에 가깝다는 말을 덧붙였다.

주지스님은 자신만만하게 외쳤다.

"거, 부정타게 무슨 소릴 하는 거요?"

노보살이 다시 눈을 빛내면서 주지스님을 바라보았다.

"보살님, 정신을 차리세요! 옆에 놔두고 그냥 지나왔으니 일이 될 법이나 합니까? 수십 년을 심마니 했기로소니 헛살았구먼!"

주지스님의 호통치는 소리에 귀가 번쩍 뜨인 노보살이 대답하였다.

"그렇군, 그래. 맞어, 맞어!"

셋째날 아침에 노보살이 산신 기도를 올리고 다시 산삼을 찾아 나섰다. 주지스님의 꿈 이야기를 마치 제 꿈과도 같이 생생하게 되살리며 산삼을 찾기 시작한 노보살은 점심 무렵에 좁은 산길 옆에서 산삼 무더기를 발견하였다.

30년 가까이 되는 큰 산삼 뿌리가 열 둘이고 10년생 산삼 뿌리가 스물이 넘었다. 그 외에도 7년생, 5년생 산삼 뿌리도 주위에 많았다. 희유한 일이었다.

산삼을 거두어서 절로 되돌아 왔을 때에 주지스님은 법당 안에서 혼자 정좌하고 있었다.

노보살은 산삼을 모두 불전에 올렸다. 조금도 움직일 줄 모르는 듯 바위처럼 굳게 앉아 있던 주지스님이 자리에서 일어섰다. 주지스님과 노보살은 불전에 절을 올리고 발원하였다.

"이 인연공덕으로 일체중생이 다같이 해탈하여지이다."

세 차례 절을 올린 주지스님은 크게 안도의 숨을 내쉬었다.

뜻밖의 산삼 횡재로 중창불사가 시작되었다. 그후 신도들도 너나 할 것 없이 주지스님의 뜻을 잘 받들어서, 마치 부처님을 눈앞

에서 친견한 듯한 깊은 신심으로 정법의 가르침에 귀를 기울였
다.

　"우리 주지스님은 산삼 꿈을 꾸신 분이다."

　이런 말이 신도들 간에 오가다가 소문은 더욱 불고 불어서 나중
에는, "우리 주지스님은 도를 깨달으신 분으로 신통이 자재하다."
하는 말까지 나오기도 하였다.

　사실 산삼은 순수무구한 어린아이의 눈에나 띄인다는 말에도
일리가 있다.

　산삼은 영물(靈物), 묘약(妙藥)으로 특별한 인연의 과보라고
할 수밖에.

잊혀지지 않는 사람

정 선생님

오랫동안 잊혀지지 않는 이가 있다. 고향마을에서 자주 뵌 적이 있는 정 선생님이다.

정 선생님이 살아 계신다면 아마 여든 살이 다 되었을 것이다.

키가 훤출하게 크고 늘 당꼬바지 차림이었다. 머리숱이 아주 적어서인지 삭발한 스님 머리같아 보였다.

길을 걸을 때에는 한눈을 팔지 않고 앞을 바로 보고 점잖게 걸었다. 말소리가 조용하고 말수가 적었다.

한 번은 정 선생님에게, "스님이셨습까? 스님같아 보입니다." 하였더니, 그냥 소처럼 멀뚱히 건네 볼 뿐 다른 말을 하지 않고, "불교를 따르는 편이나 스님된 일은 없지요." 하고 대답하였다.

정 선생님은 모교 사친회장이며 동급생의 아버지되는 분이다.

사친회가 열리는 날이었다. 정 선생님이 회장으로서 학부형들에게 인삿말을 할 때였다.

정 선생님은 평소대로,

"아버지 어머니, 모두 고생들 하셨습니다. 자녀들을 키워 학교에 보내시느라고 애쓰셨습니다."

이 말밖에 하지 않아서 주위 사람들을 놀라게 하였다. 말잔치 공해에 오염된 이들의 안목으로 볼 때에는 소박하기 짝이 없는 정 선생님의 짤막한 말이 시시하게 보였는지도 모른다.

내가 정 선생님을 좋아하는 이유가 여기에 있다.

소박한 마음을 가진 이를 쉽사리 찾아보기 어려운데 나는 다행스럽게 소싯적에 정 선생님을 알았다.

정 선생님이 장가들 무렵에 있었던 이야기다. 정 선생님의 형님은 아우와는 달리 노름꾼이었다. 정월보름 무렵 노름 빚을 남기고 줄행랑을 쳐버렸다. 착한 정 선생님은 형의 노름 빚을 갚기 위해 빚을 준 집에 찾아가서 그 집의 일꾼으로 자청해서 나섰다. 주인은 고마워 하면서 정 선생님을 일꾼으로 3년간 부렸다.

정 선생님은 소처럼 말없이 농사일을 했다. 게으름을 부리는 일이 없이 오히려 더욱 열심히 일을 하였다. 형의 빚을 갚기 위한 노력이라기보다 그저 순리에 따라 일하는 것만이 자신의 일이라는 듯이.

3년이 지나 섣달 그믐날이 가까웠을 때에 주인은 정 선생님에게 후한 상을 내리고 칭송을 아끼지 않았다.

그런 일이 있은 후 정 선생님은, '법 없이도 살 사람이다.' 라는 대명사로 불리워졌다.

정 선생님은 고향마을에서 어업조합의 조합장으로 오랫동안 일하였다. 투표 때마다 무투표 당선이었다. 조합원이 한결같이 정 선생님을 믿고 맡겼기 때문이다.

6 · 25 이후 학교를 새로 세울 때였다. 정 선생님은 모든 재산을 헌납하여 학교를 세우는 데에 힘을 기울였다. 물욕이 없는 선하디 선한 정 선생님이다.

정 선생님의 집 앞으로 도로가 뚫렸을 때였다.

그는 가게를 내면서 휴식 공간을 넓게 하여 길 가는 이들을 편히 쉴 수 있게 하는 배려를 아끼지 않았다. 다른 가게가 올망졸망 들어서서 여백을 두지 않는 모습과는 퍽 대조적이었다. 여유와 안목을 갖춘 정 선생님이다.

세상을 꾀가 없이 살아가도 세상 순리는 언제나 정 선생님 편이다. 아들 딸이 잘 자라서 정 선생님처럼 성실하게 지낸다는 소식이 바람결에 들려온다. 정말 법이 없어도 살 사람이다.

도시락을 준 보살

지금 그 보살을 기억해 낸다는 것은 불가능하다. 왜냐하면 1976년 봄, 경주 김유신 묘 유적지 매표원이라는 사실 외에 이름, 주소는 물론 얼굴의 특징조차도 생각해 낼 수가 없으니까.

춤추는 이는 떠나버렸으나 춤만이 남아있고, 노래하는 이는 떠나버렸으나 노래만이 남아있다는 말처럼 점심 도시락을 준 이는 떠나버렸으나 그 보시의 정신만이 여운으로 남아있는 셈인가. 세월이 흐를수록 그 고마움은 더욱 커지고 있다.

보살을 내가 처음이자 마지막으로 본 것은 경주의 김유신 묘 유적지 안내판 앞에서였다. 무전여행 중인 내가 속초를 거쳐서 동해안을 끼고 남행하여 경주에 다달았을 때였다.

나의 몰골은 군용트럭이나 자가용 등 닥치는 대로 히치하이크하며 걸어서 거지꼴이 다 되어 있었다.

무전여행이긴 하나, 서울, 속초, 경주 등 서너 군데에 우체국 유

치우편으로 라면값을 부쳐두고 그 곳에 도착해서 찾아서 썼다. 적은 돈이었지만 원기회복에 도움이 되었다.

도중에 배가 고팠을 때에는 거지나 다름없이 얻어 먹는 일도 서슴지 않았다.

그러나 경주에 도착하기까지 머릿속엔 오직 라면값 뿐이었다.

"음, 경주만 가면 된다. 경주!"

그러나, 경주 우체국에서 돈을 찾아 배를 채우리라는 생각은 물거품같이 헛된 일이 되고 말았다. 경주에 도착한 날이 공교롭게도 토요일 늦은 오후였기 때문이다. 나는 우체국의 닫힌 문 앞에서 참담한 꼴이 되었다.

맥이 일시에 탁 풀려버렸다. 배가 고프기는 말을 할 수 없을 지경이었다. 야외로 놀이 나온 이들에게 남은 음식을 조금이나마 얻어 먹을 수 있어 다행이었다.

일요일 이른 아침이었다. 우체국이 쉬는 날이어서 굶지 않으면 거지노릇을 해야 할 판이었다.

나는 김유신 유적지에서 하루를 보낼 양으로 그 곳으로 발길을 돌렸다. 발길을 떼어놓기가 죽을 지경이었다. 한 걸음 한 걸음 고역이었다. 그래도 하루만 지나면 우체국에 가서 돈을 찾아 쓸 수 있다는 희망에 하루쯤은 더 굶고 지낼 수 있다는 자신이 섰다.

김유신 유적지 안내판을 찬찬히 읽고 있을 때였다. 맨 처음 출근한 매표소 여직원이 나를 보고는 사무실로 손짓하며 불렀다.

주위를 살펴보고 나 이외에 아무도 없음을 알아차리고 보살의 손짓에 이끌려서 사무실로 갔다. 그녀는 뜻밖에도 점심 도시락을 내 앞에 내밀면서 어서 먹으라고 한다.

나는 말없이 보살의 미소 띤 얼굴을 바라보고 도시락을 받아들었다. 조그마한 도시락에는 아직 따끈한 기운이 남아있었다. 보살이 말하였다.

"사무실 뒤로 가서 드세요."

나는 고맙다는 말도 못하고 도시락을 들고 사무실 뒤로 돌아가서 한두 입에 게눈 감추듯이 먹어치웠다.

도시락을 보살에게 건네 주자, 컵에 물을 따라 주었다. 그저 고마운 마음 뿐이면서도 고맙다는 말조차도 하지 못하였다. 정말 고마울 때에는 오히려 말이 필요없는지도 모른다.

보살은 전생 인연이 나와는 무척 사이좋은 오누이였는지 친절하게 무료입장을 허락해 주었다.

그러나 십이간지 돌 조각 구경을 하기도 전에 험상스런 남자에게 구박을 받고, "아니, 여기서 뭘 하는 거야! 여기는 잠을 자는 데가 아니야. 어서 나가!" 하는 말과 함께 쫓겨나고 말았다.

아마 간밤에 그 곳에 몰래 들어와서 잠을 잔 사람으로 착각을 한 모양이다. 그는 뒤돌아 선 내 등뒤에다 대고 한 마디 더 던졌다.

"큰일날 뻔 했네. 귀한 손님이 오실 거라고 해서 내가 먼저 나왔으니 망정이지, 이게 무슨 꼴이람! 별 거지같은 놈이 다 나타나다니!"

나는 기분이 으쓱하게 좋았다가 그만 잡치는 꼴이 되어 버렸다. 매표소 앞을 지날 때에 보살이 손짓으로, 조금 기다렸다 들어가라는 듯한 사인을 보내었다. 조금 후에 자가용 무리들이 한떼 몰려와서 유적지를 들러보고는 곧 떠났다. 나는 보살의 친절한 안내로 다시 유적지 안에 들어가서 구경을 할 수 있었다. 이른 아침인 때문인지 한가로왔다.

이후 다시 그 곳에 찾아가 본 것은 1978년 여름 어느 날이었다. 불국사 선원에서 안거하고 있을 때였다.

삭발 목욕일에 짬을 내어 몇몇 도반 스님과 함께 유적지를 돌아보고 나올 때에, "재작년 봄에 이 곳에서 일하시던 여자 분은 어디 계십니까?" 하고 매표소의 낯선 여직원에게 물었다.

"그때 일을 누가 압니까? 사람이 벌써 몇 번이나 갈렸지요."

여직원은 알 수 없다는 표정으로 잘라 말하였다. 얼굴이나 특징 이름도 모르는 처지여서 찾아내기는 어려운 일이었다. 그때 도시락을 준 보살을 만나지 못하였기 때문에, 게다가 다시 만날 기약이 없기 때문에 더욱 고맙게 생각하고 있는지도 모른다.

만나본들 점심 한 끼니 대접할 마음 뿐이었는데, 그 정도로 고마움을 다 나타낼 수 있을 것이지…….

조건없이 도시락을 건네준 보살의 보시정신이 도시락의 따끈한 훈기만큼이나 내 가슴에 오래 남아있다.

죽마고우전

지난 여름 날 죽마고우 박정준 형이 교직에서 정년퇴직하신 그의 부친을 모시고 내가 머물고 있는 절을 찾아온 적이 있다.

우리는 작설차를 마시면서 이 이야기, 저 이야기를 나누었다.

국민학교 선생님이셨던 부친은 점잖게 옆자리에 앉아 부채질을 하시면서 빙그레 웃으신다. 많이 늙으신 것 같다. 속가의 나의 처사님과 보살님도 저렇게 늙으셨을 터인데…….

작년 초여름 인도 성지순례를 마치고 서울에 닿았을 때 속가 처사님께 전화로 인사를 드리는 자리에서였다.

"처사님, 저는 인도 성지순례를 마치고 이제 서울에 닿았습니다. 건강하십니까?" 하였더니 처사님이, "아니, 지묵이 스님, 집에 안 왔다가 가는 거냐?" 하셨다.

몇 년 동안 왕래없이 지내다가 외국에서 돌아왔다는 출가한 아들의 소식을 듣고는 몹시 반기신다.

"저는 아직 송광사에도 다녀오지 못했습니다."

내가 이렇게 말씀드리자, 갑자기 처사님이 역정을 내며, "아니? 뭐라고? 송광사, 송광사 하지 마라. 송광사가 다 뭐냐?" 하신다.

처사님과 보살님의 심정은 다 그런가 보다. 그렇지만 출가한 이로써는 출가본사와 스승이 먼저 떠오르지 않을 수 없는 노릇이다.

나는 갑자기 터져나오려는 웃음을 가까스로 참았다. 한 생각의 차이에서 이렇게 동떨어진 세계가 벌어지다니.

처사님은 매일같이 한자 반야심경을 붓글씨로 사경하여 이웃들에게 보시해 온 숨은 포교사이시다. 인근 인연있는 절 주지 스님도 간혹 처사님에게 부탁하여 사경한 반야심경을 10폭씩 받아가서 신도들에게 나눠준다고 한다. 7, 8년 전에 내가 처사님의 낙관을 1조 파서 드린 것도 다 이 반야심경을 사경하는 데에 도움을 드리려고 한 일이었다.

옛말에, '부모는 자식을 한시도 잊어버리지 못하나 자식은 부모를 잊어버릴 수가 있다.' 라는 말이 떠오른다.

처사님의 춘추가 원숭이 띠니까, 금년 들어 일흔두 살이 되셨을 것이다.

옛 추억은 즐겁다. 괴롭고 슬픈 일이든 그렇지 않든 긴 세월 속에 색 바랜 고향집 문의 창호지처럼 부담이 없고 정겹다.

열여섯 해 전의 일이다.

출가한 후 계를 받고 나서 처음으로 산문 밖 출입하였을 때의 이야기다. 인근 소도시에 나가 수퍼마켓에 들러서 필요한 물건을 고르고 있을 때였다.

곁에서, "자네, 아무개가 아닌가!" 하고 속가의 내 이름을 반갑게 부르는 소리가 났다.

고개를 들어 바라보았다. 낯익은 옛 친구가 학생이 아닌 신사의 모습으로 서 있었다. 그는 내게 악수를 청하려는 듯 손을 약간 내밀었다. 그의 옆에 동행한 숙녀가 우리의 모습을 호기심 어린 눈으로 지켜보고 있고,

"……."

내가 무표정한 얼굴로, 오히려 생판 모르는 사람을 대하듯 멀거니 바라보고 있을 때에 신사가 다시 말을 고쳐서 존댓말로, "저어, 어느 마을에 살았던 아무개가 아니십니까?" 한다.

지금 같았으면 흔연히 '아, 반갑군!' 하고 이야기를 나눌 터인데, 처음 출가한 뒤 몇 해 동안은 왜 그리 아는 이들을 피하고 싶은 마음뿐이었는지 모른다.

"세상에는 더러 비슷한 사람이 있는가 봅니다."

나는 천천히 입을 열고 시치미를 뚝 떼었다.

신사가 당황한 표정을 지으면서, "저어, 어디에 살았던 아무개…." 하고 뒤를 잇기도 전에 곁에 선 숙녀가 재빨리 그를 이끌면서, "당신, 또 사람을 잘못 보셨어요." 한다.

'그러고 보니 이 친구의 부인인 모양이구나!' 라고 생각하고 나는 천연스럽게 다음과 같은 말을 남기고 그의 앞을 떠났다.

"사람을 잘못 보신 것 같습니다."

모퉁이를 돌아설 때에 나는 얼빠진 사람 모양으로 멀거니 서 있는 신사의 모습을 보았다.

들리는 말로 그 친구는 몹시 기분이 언짢았던 모양으로, "그때 능청을 떠는 모습이 참 가관이더군. 삭발염의는 달라도 얼굴이며 목소리며 분명히 맞는데 딱 잡아 떼니 미칠 지경이었지. '사람을 잘못 보셨습니다' 할 때 내가 얼른 손을 들어서 그 중의 뺨을 철썩 때렸어야만 하는 건데 …… 참, 후회스럽구먼." 하는 이야기가 속가에 전해져 왔다고 한다.

이와 반대로, 안성에서 교사로 지내다가 결혼한 죽마고우 엄대용 형과는 부담없이 쉽게 어울려 지낸 적도 있다.

지난 선거철 무렵에는 죽마고우 김창영 형이 보낸 편지 한 통을 받은 적이 있다. 8년 동안 찾아 헤맨 끝에 옛 친구를 찾았다는 내용과 함께 선거철인 탓으로 구청 일이 밀려서 산사에 못 찾아가니 대신 나 보고 한 번 그의 처소에 들렸으면 좋겠다고 했다.

김창영 형에게 전화로 나의 안거 소식을 전하자, "아니? 스님들이 산에서 그렇게 바쁘단 말이오? 한 번 시간내어 찾아왔으면 좋겠소." 하였다.

섭섭한 일이나 나로서는 할 수 없는 노릇이다. 그 후 차일피일 시간이 흘러서 여태까지 방문을 못하고 있다. 8년 동안 찾아 헤맨 친구는 퍽이나 무정하다고 나를 탓하겠지만 출가한 나로서는 또 그런저런 피치못할 사정이 따른다.

"할 일 없이 지내는 산중 스님들인데, 괜히 새벽 밥을 지어 먹는다."

이런 우스운 말을 하는 이도 있다. 나의 산중 절 생활을 이해하는 죽마고우는 얼마나 될까.

이 몸을 얻기가 어려운데 이제 얻었고
법문을 얻어 듣기도 어려운데 이제 들었네.
이 몸뚱이를 금생에 제도 못하면
또다시 어느 영접에 이 몸뚱이 건지리.
人身難得今已得　佛法難已今已聞

此身不向今生度　更得何生度此身

　이 게송은 출가 수도승의 발심 법문이다. 나를 낳아준 부모는 이미 부모일 리가 없다. 천 겁 만 겁 내려오면서 맺어온 수많은 부모 인연 중의 하나일 뿐이다. 속가의 죽마고우와 일가 친척 역시 예외일 리 없다. 도업(道業)을 이루기까지는 돌아보기가 쉽지 않은 인연들……

　이런저런 이야기를 하는 사이 날이 저물었다. 죽마고우 박정준 형 일행과 후원에서 저녁식사를 하고 악수를 나누었다. 내 머리 속에는 늘상 그렇듯이, 만남과 헤어짐이 둘이 아니라는 사실을 새삼 느끼면서.

2장
여름수련회

대중생활

나의 습벽이랄까 기호는 종잡을 수 없이 변덕이 심하고, 제멋대로였는데 이만큼 사람 구실을 해낼 수 있게 된 것은 오직 불은(佛恩)에 힘입었을 뿐이다.

마치 담쟁이 덩굴이 벽을 타고 높이 올라 푸른 잎사귀를 하늘 아래 드러낸 모습이라고 할까.

지난 날 나는 허리 뒷잔등이 약간 구부정한 탓으로 옷을 맞추기 위해 칫수를 잴 때에는 재단사가 이 점을 감안해야 했다. 허리가 곧게 세워지지 않은 내 체형은 그대로 나의 마음가짐을 말한다. 우울, 불안, 초조, 두려움 등 어두운 그늘이 항상 내 곁을 떠나지 않았으니까.

그때 굽은 허리 뒷잔등은 이제 제법 굳건히 세워져 안정감이 있다. 오로지 선원 큰방 생활 중에 익힌 좌선의 기본자세 덕분이다. 내 생활 역시 여유와 안정감 속에서 밝고 의욕에 차 있다.

담쟁이 덩굴이 벽을 타고 오르듯 중생이 승가에 의지하여 삼보에 눈을 뜨고 자기 내면세계에 관심을 두어 근본문제 해결에 힘을 기울이는 시간에는 기쁨이 샘솟는다.

거리에서 낯모르는 이들이 스님을 대접한다고 보시를 하는 경우를 더러 만난다. 이 과분한 대접 앞에서, '삼보를 보고 대접하는 것이지 나를 보고 대접하는 것은 아니지.' 하는 생각을 잊지 않으나 행여 나를 앞세워서 뽐낼까 염려스럽다.

나는 단적으로 말해 ‘큰방 체질’이어서 독살이 토굴이나 뒷방 체질과는 거리가 멀다.

여러 대중과 어울려 지내는 안거생활은 네 흉허물을 속속들이 꿰뚫어 보게 한다. 머트러운 언행이 여지없이 드러나서 부끄러움에 쥐구멍을 찾고 싶을 때가 여러 차례 있다. 다혈질의 표본으로 뽑히는 자리에는 결코 빠지지 않을 것이다.

급한 성격과 좀스런 일에도 신경이 곩히는 소심증이 대중과 어울려 지내는 안거 중에 단련되는가 보다. 하긴, 상판 어간자리 가까운 데에 앉아서 철없이 설치기에는 이제 멋적은 나이다.

부딪치고 닳아 거친 돌의 표면이 매끄러운 조약돌 모습을 갖추듯이 승가 공동 생활은 이런 탁마 역할을 한다. 허물을 지을 때마다 곧 참회 발심하도록 도와주는 대중이 있기 때문이다. 그런 의미에서 본다면 오랫동안 혼자 토굴에서 한적하게 지낸다는 것은 대발심한 이가 아니면 어렵지 않을까 싶다. 은사 스님이 간곡하게 일러 주신 말씀이 생각난다.

“대중과 어울려 지내라. 총림같이 큰 대중처소 선방에서 중노릇을 익혀야 한다. 효봉스님께서도 하신 말씀이 있지. 외진 산골 토굴에서 찾아온 여자 신도들과 만나 이야기를 하다보면 공부에 힘을 얻은 도인이 아니면 색심이 동하기 마련이라고. 이래서 공부가 뒷전으로 물러나고 중노릇 잘 해내기가 어렵다는 것이다.”

그리고는, “대중과 안거하고 지내면 눕고 싶을 때 눕지 않고 자고 싶을 때 자기 어렵지, 어떻든지 큰방 생활이 제일이야!” 하고 덧붙이셨다.

큰방에 머물면서 토굴의 한적함을 맛보고 토굴에 머물면서 큰방의 법도를 지키기란 어렵고 힘든 일이다.

내가 토굴 생활을 하게 되면 아마도 공양 시간부터 흐트러질 게 뻔한 일이다. 규칙적인 생활이 몸에 베인 듯 싶다가도 며칠 나그네 길에 나서게 되면 그야말로 제멋대로다.

굶고 싶을 때 굶고 먹고 싶을 때 아주 많이 먹는다.

그러면서, '하루 빨리 큰방 생활을 해야지.' 하고 생각한다.

여하튼 나를 길러내는 이는 순전히 대중이다. 손위아래 대중이 탁마하는 가운데서 모난 성격이 다듬어지기 마련이다. 대중의 힘은 부처님의 또다른 위신력이 아닐런지.

대중과 안거하는 동안 나는 이런 좋은 점들을 느끼곤 한다. 그야말로 대중 처소는 산전수전을 다 겪은 백전노장을 만들어 내고 있는 것이다.

지난 겨울 석 달, 안거 동안에 있었던 이야기 한 토막을 소개한다.

지대방에서 점심공양 뒤 으레 나누는 차공양 시간이었다. 한 스님이 상판스님에게 의견을 물었다.

"요즘 분위기가 약간 딱딱해집니다. 목소리가 커지고 행동이 머트러워지는 스님들이 있는데 이런 경우에는 어떻게 대응해야 좋습니까?"

갑자기 분위기가 어색해졌다. 잠시 침묵이 흘렀다.

"그건 문제 삼을 일인지, 그렇지 않은지 잘 생각해 봐야지요."

상판스님이 조심스럽게 말머리를 떼었다. 머리깎고 도를 찾아 나선 수행승들이지만 함께 생활하면서 숙습(宿習)의 이기(利己)로 껄끄러운 일들이 없을 리 없었다.

"문제 삼지 않아도 될 일이면 그냥 덮어 두어야지요. 대중 이삼십 명이 모여서 큰방생활을 하는 동안 크고 작은 일이 생기기 마련이지만 그렇다고 언제나 사사건건 문제를 삼을 수는 없지 않습니까?

개성이 다르고 성씨가 다르고 나이가 다르고 고향이 각각 다른 이들이 모여서 정진하는 이 자리에서 어찌 문제가 생기지 않겠습니까? 문제가 생기지 않는다면, 그건 오히려 큰 문제라고 생각합니다. 옛날 노덕스님은 이런 경우에 당신 스스로가 문제를 만들어 보였다고 합니다."

이야기가 이어지는 동안 분위기가 한결 부드러워졌다.

상판스님은 국제선원의 한 외국스님의 경우를 예로 들어서 설명하였다.

외국스님은 전혀 말이 통하지 않았다. 다만 중국의 한 지방 말밖에 모른다. 영어와 한국말을 전혀 모르기 때문에 여간 불편한 게 아니었다. 다행히 그의 도반인 한 중국 스님이 영어를 잘하여 통역을 하고는 있으나 대중생활에는 늘 문제가 따르는 편이었다. 더욱이 그는 고집이 황소 고집이었다. 공부를 억척스럽게 밀어붙이는 저력만큼은 알아 주었지만 다른 사람과 어울리는건 안타깝게도 공부의 수준에 미치치 못했다.

밤중에 잠을 잘 때에는 얼마나 코를 드르렁드르렁 크게 고는지 옆사람이 잠을 제대로 자기 힘들 정도다. 몇 차례 주의를 주었는데도 도루묵이다.

변기 청소를 맡아서 하는 동안에도 문제가 생긴다. 겨울철에는 물을 아주 적게 뿌리라고 주의를 주었어도 막무가내다. 얼음이 언 미끄러운 변소바닥 때문에 사용이 불편하다는 주위 사람의 말을 우이독경식으로 흘려 듣곤 한다. 거듭 말을 하면 오히려 눈을 부라리는 판국이다.

그러나 사세가 바뀌기 시작했다. 대중들은 이제 더이상 그 머트러운 외국스님에 대해 잔소리며 관심을 거두어 버렸다. 상황이 눈에 보이지 않게 달라진 것을 느꼈는지 그는 쑥스러운 듯 자중하기 시작했다.

코를 덜 고는 한편 스스로 다른 뒷방에 나가 잠을 자려고 하였고 변소 청소도 정성을 기울여서 잘 해보려고 노력하는 게 역력하였다. 대중은 한시름 놓고 다시 종전의 정진의 분위기를 되찾아 갔다.

내가 보기에 외국스님은 티없이 맑은 심성을 가진 사람이다. 바보스럽게 앞만 보고 열심히 걸어나갈 뿐 지혜가 좀 모자란 게 흠이라면 흠이랄까. 우직스럽다. 대중이 문제를 삼을 때에는 신경을 곤두세워 열을 뿜는 눈을 보이다가도 대중이 무관심하게 대할 때에는 자숙한 모습으로 돌아가 아주 양순해지곤 했던 것이다.

나는 요즘도 상판스님의 적절한 조언을 종종 기억에 되살리며 일이 생길 때에는 이렇게 자문자답해 본다.

"이 일이 문제 삼을 일인가? 아니면 문제 삼지 않아도 좋을 일인가?"

문제는 문제를 삼는 데에서 대체로 더 커진다고 본다. 그냥 스치고 지나가도 좋을 양이면 아량껏 눈을 감아주는 멋이 오히려 필요하다. 자주 경험하는 일인데 사실을 그대로 직시하기보다는 착각하고 오해하고 왜곡해서 잘못 보는 편이 더 많다. 남의 허물에 대한 생각들은 대체로 그렇다.

대중 큰방 생활의 즐거움이 사소한 문제들로 인하여 줄어든다면 이것이 바로 문제일 것이다.

사방천지 각처에서 모여든 모임일레
개개인이 생사 떠난 참 지혜 배우네
여기는 부처를 가려뽑는 과거장
마음이 텅 텅 비워져 장원하여 돌아가네

十方同聚會 皆皆學無爲
此是選佛場 心空及第歸

그렇다. 선원 큰방은 부처를 가려뽑는 과거장이다. 생사문제를 눈앞에 두고 오롯하게 밀어붙이는 외에 잡다한 일들을 뒷전에 젖혀두고 문제 삼지 않는 일이 중요하다. 마음가짐은 속이 텅 텅 빈 대통 같은 모양을 하고 말이다.

부처님 재세시의 일이다.

어느 날 해진 옷을 깁기 위해 바늘귀를 꿰려 하였으나 꿸 수가 없었다.

아니룻다는 혼잣말로, "세상에서 복을 지으려는 사람이 있다면 나를 위해 바늘 귀를 좀 꿰어 좋으면 좋겠네." 하였다.

이때 누군가가 그의 손에서 바늘과 실을 받아 해진 옷을 기워 준 사람이 있었다. 그 사람이 부처님인 것을 알고 아니룻다는 깜짝 놀랐다.

"아니, 부처님께서는 그 위에 또 무슨 복을 지을 일이 있으십니까?"

"아니룻다, 이 세상에서 복을 지으려는 사람 중에 나보다 더한 사람은 없을 것이다. 왜냐하면, 나는 여섯 가지 법에 만족할 줄 모르기 때문이다.

여섯 가지 법이란, 보시와 교훈과 인욕과 설법과 중생제도와 더 없는 바른 도를 구함이다."

아니룻다는 말하였다.

"여래의 몸은 진실한 법의 몸이신데 다시 더 무슨 법을 구하려 하십니까? 여래께서는 이미 생사의 바다를 건너셨는데 더 지어야 할 복이 어디 있습니까?"

"그렇다, 아니룻다. 네 말과 같다. 중생들이 악의 근본인 몸과 말과 생각을 참으로 안다면 결코 삼악도에 떨어지지 않을 것이다. 그러나 중생들은 그것을 모르기 때문에 나쁜 길에 떨어진다.

나는 그들을 위해 복을 지어야 한다. 이 세상의 모든 힘 중에서도 복의 힘이 으뜸이니 그 복의 힘으로 불도를 성취한다.

그러므로 아니룻다, 너도 이 여섯 가지 법을 얻도록 하여라. 비구들은 이와같이 공부해야 한다."

《불교성전, p.152》

전번에 효 상좌스님이 병약한 노스님을 위해 좋은 일을 해 온 걸 기억한다.

그는 참배차 절에 온 젊은 처녀들이 이것저것 캐묻자 느닷없이 병약한 노스님의 방으로 안내하여, "여기 노스님께 궁금한 점이 있거든 물으시고 이야기 하다가 가십시오."라고 말했다.

대중의 관심사에서 멀어진 뒷방에서 호젓하게 지내시는 병약한 노스님을 위로하기 위해 방편을 쓴 셈이다. 이런 인연으로 젊은 처녀들은 그녀들대로 아주 부담없이 절 집안에 발을 들여놓고 잠시 쉬어갈 수 있는 기회도 만들게 된 것이다. 하찮은 일 같아 보여도 효 상좌스님의 마음 씀씀이가 퍽 여유있다고나 할까.

대중생활은 이렇듯 남을 위해 복을 짓는 것과 비례하여 즐거움도 커진다.

뻔뻔스러워야 글을 쓴다

처음 원고지를 붙들고 끙끙 대본 경험은 누구나 갖고 있을 것이다. 힘든 작업이다. 글을 좔좔 시냇물 흐름같이 써내려가는 기술을 가진 이를 만나면 그렇게 존경스러울 수 없다.

생각은 뱅뱅 돌고 글은 안 써지고 해서 답답하기 이를 데 없다. 이것은 무엇 때문인가.

이유는 간단하다. 소재를 잡아놓고 그걸 잘 소화시키지 못한 탓이다. 충분히 감동하여 소재를 파악하고 보면 글이 써질 것이다.

명문장이냐 아니냐 하는 건 별개의 문제다. 어쨌든 글은 쭉 써내려 가는 것으로 일차 문제는 해결된 셈이다.

생각이 원고지에 옮겨지기까지 먼저 감동한 소재를 충분히 소화시키는 일이 급선무다. 그 다음 끈기있게 원고지를 붙들고 늘어지는 인내력이 필요하다.

맨 처음에는 문법에 관계없이 생각을 원고지에 쏟아놓는 작업을 하고 쉰다. 2~3일 지난 뒤에 읽어보고 다시 쓴다.

이때 첫 원고를 소리내어 읽어보고 충분히 소화시킨 뒤에 첫 원고를 덮어두고 새로 쓴다. 보고 쓰지 않는 것이 중요하다. 왜냐하면 손질을 많이 한 원고는 내용면에서 신선미를 잃어 버리기 쉽기 때문이다. 처음처럼 그냥 쓰되 첫 원고 내용을 토대로 해서 줄거리를 잡는다. 다시 원고를 세 번째로 쓴다. 재차 쓴 원고를

2~3일 지나서 소리내어 읽어보고 정서한다.

이런 정성과 노력으로 쓰인 글은 알차기 마련이다. 그냥 단숨에 써내려간 글은 내용면에서도 엉성한 것이 태반이다.

개중에 명문장이 없지 않을 게다. 생각컨대, 글은 반드시 글쓰는 이의 노력 여하에 따라 우열을 나눌 수 없는 점이 있다. 예술에 있어서 대개 그렇듯이 영감이 작용하여 의외의 걸작이 있을 수 있기 때문이다. 반드시 노력의 소신만으로는 믿기 어려운 점도 인정하지 않을 수 없다. 그렇다고는 하나 초심자들은 영감같은 걸 기대하지 말고 세 번 고쳐쓰는 노력을 기울여야 한다.

이야기를 잘하는 사람의 경우를 보면 먼저 그 자신이 감동해 있다. 이야기에 깊이 심취해 아주 생생하게 느끼며 눈앞에 보듯 뚜렷이 기억해낸다. 이런 힘이 '이야기꾼'으로 둔갑시키는가 보다.

적어도 제 자신이 감동하지 않은 일은 남에게 감동을 줄 수 없기 때문에 먼저 이야기에 푹 젖어들 필요가 있다. 이 점이 소재를 충분히 소화해야 할 이유에 속한다.

또 한가지. 즐거운 마음으로 글을 써야 잘 써진다. 화가 났다든지 우울해서 영 기분이 뒤틀린 상태에서는 좋은 글을 기대하기 어렵다.

편안하고 즐거운 마음이라야 한다. 매사가 그렇다. 즐거운 마음으로 시작해야 한다. 그래야 슬슬 이야기가 풀려나가기 마련이다.

누가 말하기를, "글이 잘 써지지 않아서……." 하는 말을 서두로 청탁받은 원고를 거절하는 경우를 목격한다. 그가 충분히 소화시킨 소재였으리라고 믿어지는 데도 말을 꺼내지도 못하게 한다. 딱한 일이다. 누가 이 병을 고쳐줄까.

"뻔뻔스러워야 글을 쓴다."

이런 말을 하는 이가 있는데 옳은 지론이다. 부끄러워서 주저주저 하다가는 평생가도 글 한 줄 쓰기 힘들다. 좀 대담해질 필요가 있다.

'이건, 누가 보고 웃지 않을까 …….' 하고 조바심을 가진 이 가운데는 비밀이 많아서 글을 못쓰는 이가 꽤 된다. 탁 털어놓고 이야기를 꺼내야지 숨기는 말 빼고, 부끄러운 말 빼고 했다가는 큰일이다. 펜이 무디어지는 원인이 이런 데 있지 않을까. 글을 솔직 담백하게 즐거운 마음으로 쓰는 일이 중요하다.

어느 회합에서 있었던 일이다. 강원도 산골에서 온 농부가 10년 이상의 체험을 바탕으로 감자 알이 굵고 수확량이 많아지는 방법을 토로하고 박수갈채를 받았다. 그가 장마에 씻긴 층계 감자 밭 이야기를 꺼내놓고 울먹일 때 청중들도 함께 따라 울었다.

꾸밈이 전혀 없는 그의 경험담에 그만큼 깊이 감동하는 청중들이었다. 또 풍작으로 기뻐할 때 모두 기뻐하였다. 명연사가 따로 없이 체험에서 우러나온 그의 언변이 청중들의 심금을 울려 주었음은 물론이다.

다음으로 농수산부 관계자 한 사람이 같은 자리에 연사로 나왔다. 그는 어느 품종은 몇 %가 작년보다 많이 수확되었고 병충해에는 어느 약이 특효약이라고 하며 수치와 농사이론으로 이야기를 이어 나가자, 청중들은 하품을 하고 졸고 있는 이가 늘었다.

당연히 있을 법한 일이다.

　거듭 말하지만 글을 억지로 쓰려고 해서는 안 써진다.

　먼저 소재를 잘 파악해서 안으로 익히면 절로 글이 나오기 마련이니 그렇게 애쓸 필요가 없지 않을까.

수련 신청서에 얽힌 이야기

수련이 무엇인지 모르나 여기저기서, "수련을 다녀온 언니, 동료, 친구들의 삶이 변화되어 간다." 하는 말을 듣고는 선뜻 용기를 내어 수련 신청을 하면서 이런 소감을 쓰는 이가 있다.

"뭔지 모르지만 그 유명한 송광사 수련회에 동참하기를 희망합니다."

유명하다는 이유로 수련을 하고 싶어한다.

이와는 달리 40대의 중년 신사는 아주 진지하게 제1차, 제2차, 제4차, 제5차 수련신청서를 각각 손으로 써서 "혹시 이번에도 떨어질까봐, 떨리는 가슴으로 신청서를 4장 냅니다." 하고 신청서를 보냈다.

읽는 이의 마음이 뭉클해지지 않을 수가 없는 일이다.

한 수련생의 신청 소감이 하도 진지하기에 '차를 나누면서' 시간에 그녀를 마이크 앞에 소개했더니, "그 편지는 제가 쓰지 않았습니다. 수련 신청 소감을 잘써야 한다기에……." 하여 폭소를 터트렸다.

이제는 송광사 수련 신청서를 대필하는 사람까지 동원된다는 사실이 알려져서 수련 신청 소감을 액면 그대로 다 받아들이기도 어렵게 되었다.

50세의 한 노보살을 최연장자라고 모셨던 자리에서 뜻밖에 그

보다 더 연세가 많은 이가 나타나서 웃었다. 연령을 제한하여 60세까지라고 못을 박아둔 까닭에 60세가 넘은 이가 나이를 낮추어서 신청하였기 때문이다.

"부처님 전에 깊이 참회합니다. 이 일이 나쁜 줄 알면서도……." 하고 노인네는 참으로 간절하게 대중 앞에서 사죄하기도 하였다.

"저와 가족은 미국 이민신청을 해놓고 있습니다. 막상 지금까지 살아왔던 내 땅을 떠나 전혀 낯선 곳, 다른 문화, 다른 민중 속에 새롭게 뿌리를 내려야 한다는 생각을 하면 이루 말을 할 수 없는 착잡한 심정이 되는 것 또한 어쩔 수 없습니다."

위의 글은 이민을 앞둔 이의 신청소감의 일부다. 마지막의 기회를 이런 분에게 드리지 않을 수가 없는 일이다. 비록 접수 마감날이 가까운 시간에 신청서가 접수되었을지라도.

신청서에는 분명히 남자로 기록되어 있으나, 파마머리로 여자와 같아 보인 까닭에 이틀 동안을 인욕반 여자들 틈새에 끼어 지낸 에피소드도 있다. 순전히 접수 보는 이의 착오 때문이다.

허나 그는, "여자들 틈새에서 지낼 때가 더 좋았다."라고 유머 있는 말을 여유있게 하였다.

그는 본디 무종교인이었으나 이번 수련을 계기로 불자가 되어 "종교를 갖게 되어 기쁘다"고 토로하면서, "우리 아이들도 자라서 어른이 되면 꼭 송광사 수련회에 다녀오게 하고 싶다." 하였을 때에, "머리 모양만은 남녀 구별이 되도록 해서 보내시오." 하고 사회자인 내가 말을 하였더니 장내가 떠나갈 듯 웃음바다에

묻혔다.

　수련 경험자의 신청 소감 역시 가지각색이다. 수련 경험자는 원칙적으로 탈락이다.

　"염치불구하고 다시 수련을 신청합니다."

　"떨어질 것을 염려하여 밝히고 싶지는 않으나 저는 수련 경험자입니다. 그렇더라도 저에게 수련을 할 기회를 주십시오."

　이렇게 밝히는 이는 그래도 양심적이다. 아주 수련 경험사실을 숨기고,

　"여러 차례 신청을 하였으나 매년 번번히 떨어지는 바람에 실망이 큽니다. 금년에 용기를 내어 다시 신청합니다." 하는 이도 있다.

　컴퓨터 처리가 아직 되지 않기 때문에 이런 이의 색출은 불가능하다. 해마다 5백 여 명의 수련생을 모두 기억해 내기는 어렵다. 이런 경험자 중에 그래도 해마다 신청을 하여 탈락을 면한 이들이 간혹 있기는 있는 모양이다.

　요즘 부쩍 부부 수련생이 늘어서 매회마다 10쌍을 넘는다. 반가운 현상이다. 삼모녀, 삼부자 등도 드물게 눈에 띈다. 가족단위 수련생이 와서 일부는 수련장 밖에서 반찬을 만들고 그릇씻는 일 등으로 행자님을 돕는 자원봉사를 하기도 한다.

　대개의 자원봉사를 원하는 이들은, "지금까지 받은 은덕을 다시 되돌려 주고 싶은 마음에서 자원봉사를 합니다." 라고 신청 소감서에 그 뜻을 밝히고 있다.

　보리살타로서의 자원봉사 제도는 일단 성공적이라는 평가를 받

는다.

　보리살타는 보살의 원말로서, 제 성불을 늦추더라도 남의 도업을 돕는다는 정신으로 살아가는 이를 말한다. 주는 이나 받는 이 모두가 밝은 마음이다. 무주상 보시정신 그대로 살아있는 자비행이다. 매회마다 10여 명의 자원봉사자들의 정성어린 후원으로 수련생의 정진 열기는 더욱 높아간다.

여름 수련회

방아 찧는 줄 알았어요

수련회 지도법사로 나가있는 동안 좌선 시간에 내가 꾸벅 졸았나 보다. 수련 소감으로 다음과 같은 글이 나와 있다.

진묵스님!
좌선하실 때 저는 방아 찧는 줄 알았어요. 너무 열심히 '이뭣고'를 하시느라 '이뭣고'를 쫓아다니느라 고개가 그렇게 움직였나 봅니다.
흉이 아니라 스님도 우리처럼 보통사람이란 걸 확인할 수 있어서 다행입니다.
수고 많이 하셨어요.

원만성

나를 신통이 자재한 이조 중기 선지식 진묵(震默)대사로 알았는지 모른다. 진묵대사는 삼매에 빠져서 거미줄이 얼굴에 쳐진 줄을 잊었고, 손가락이 문틈에 끼여 덜꺽거리는 그 속에서 피가 흘러 말라 엉켰어도 깨어날 줄 몰랐다는 일화가 있다.
내가 잠을 얼마나 잘 자는지 현장스님이 알고 있다.
함께 버스를 타고 가던 때였다. 창문쪽으로 내가 앉아 있었다.

현장스님이 곁에서 보니 내가 버스창문을 잠그는 고리에 눈썹 끝 부분을 찢어 피를 흘리면서도 잠에 취해 꾸벅거리더라는 것이다. 흘린 피가 저고리에 떨어져 벌겋게 물들어도 아랑곳없이 계속 꾸벅거리면서 문고리에 찧곤 하는 내 모습이 가관이더라는 이야기.

말하자면 잠 삼매에 빠질 때에는 세상을 다 잊을 정도였다. 길을 가다가 무덤 곁에서나 예비군 방공호에서도 쓰러져서 잠을 잔 경험이 있을 정도이니까. 또한 내 잠을 자는 모습이 특이한 데가 있다는 이야기를 듣곤 한다. 잠을 잘 때에 얌전히 못자고 잠버릇이 얼마다 나쁘던지 몸부림을 치듯이 한껏 뒹군다고 …….

한번은 선방에서 삼경이 지나 나란히 차례대로 누워잤는데 새벽에 깨어날 때에는 두 사람을 건너 뛰어서 다른 사람 틈새에 들어가 자고 있는 모습이 발견되어 큰웃음 거리가 된 일이 있다. 하여간 잠에 떨어지는 순간부터 나는 반송장이나 다름없이 되는가 보다.

옛말에, "잠에 너무 얌전하게 자는 건 시체 잠이다. 건강할수록 몸짓이 거칠다." 하였지만, 내게도 해당되는 말일런지.

이번 여름 좌선 수련회에 나가 있는 동안에도 예외일 리 없다. 더구나 힘들어 하는 수련생들의 상태를 살펴가면서 좌선시간에 자리를 같이 하자니 내게는 큰 부담이다.

오랫만에 수련회 일을 맡아서 수련일정의 진행에도 신경을 쓰느라 피로가 쌓여 체중이 떨어졌다.

나는 좌선의 방법을 강의할 때에, "졸음과 헛된 망상은 좌선 중의 두가지 큰 병이다. '이뭣고'를 해나가는 도중에 이 두 가지 큰 병에 떨어지지 않도록 주의하여야 한다." 하고 강조하곤 한다. 그런 내가 꾸벅꾸벅 졸다니!

나는 이 두 가지 큰 병을 물리치는 방법까지 설명한다.

"헛된 망상이 떠오를 때에는 헛된 망상을 쫓으려고 해서는 안 된다. 처음 헛된 망상이 떠오를 때에, '아, 아, 헛된 망상이 떠오르는구나. 아, 헛된 망상이 떠오르는구나. 아, 헛된 망상이 떠오르는구나!' 하고 얼른 알아차려야 한다."

헛된 망상이 떠오른 줄을 알아차릴 때에 헛된 망상은 곧 물러간다는 좌선의 묘법을 인용하기를 즐겨 하였다.

"졸음이 올 때에는 약간 거친 호흡을 두어 번 내쉬어서 깨어나야 한다. 이때 항문조임 운동도 두어 번 할 필요가 있다. 거친 호흡은 심호흡이 되어 다시 깨어나 정신을 차리는데 도움이 된다." 라는 말도 덧붙였다.

헌데, 내가 졸음으로 꾸벅거렸으니 얼마나 우스운 일인가. 부끄럽기가 이루 말할 수가 없는 일이다. 매사에서 말을 하기는 쉬워도 실천하기가 이렇게 어렵다.

나는 구두선(口頭禪)을 쫓고 있는 내 자신의 모습에 실소하였다.

철야 용맹정진을 처음 한 경험은 15년 전 해인사 학인시절, 임시로 주위에 울을 친 대적광전에 산중 대중이 모여서 7일 철야 용맹정진에 들어가던 때였다.

나는 경책 죽비를 가장 많이 맞는 축에 끼었다. 한 시간마다 경책자가 바뀌는 탓으로 계속 조는 이만 집중 경책이다. 맞는 이만 계속 맞아서 양쪽 어깻죽지가 얼얼할 지경이었다.

나는 이 덕분에 죽비를 어떻게 다루는지 그 방법을 터득하기에 이르렀다.

죽비로 조는 이를 잘 치는 방법을 스스로 일깨운 셈이다.

요즘 나는 좌선의 자세가 많이 좋아졌다. 좌선 중에 꾸벅 조는 일도 줄었다고 주위에서 이야기한다. 나는 아침 조반 전 맑은 시간에 그윽한 고요 속에 젖어들곤 한다. 헌데, 오후부터는 여전히 수마에 쫓겨 큰 고역이다. 마치 독사에 쏘인 듯 혼미해질 때가 한두 번이 아니다.

번뇌망상 또한 끝이 없이 일어났다가 사라진다. 다소 관망하는 힘이 붙긴 하였으나 좌선 중에 헛된 망상이 얼마나 나를 허송세월로 보내게 하는지 모른다. 부끄러운 노릇이다. 다시는 좌선의 방법 같은 강의에 나서지 말아야지 하면서도 사중에서 시키는대로 이번에도 떠밀려 나오고 말았다.

이같은 나의 어리석음은 언제 멈출 것인지.

동거동락 해온 4박 5일

이번 여름 좌선 수련회에 동참하려는 이 가운데 이런 신청서를 낸 이가 있다.

뚜렷한 이유없이 6년 동안 다니는 회사에 사직할 것을 알리고 인수인계 중입니다.

평생 함께 해 온 우울증을 이제는 떼어내고 싶은 심정에서 였는지, 너무 모범적으로 살아온 내가 이젠 싫어서 였는지, 나는 어떠한 행위를 하려 합니다. 사랑하는 가족을 생각하며 눈물을 흘리고 나의 물건을 정리하고 또 정리합니다. 우연히 지나간 불일회보를 보고 생각이 나서 이렇게 신청서를 냅니다.

P. S : 불교에 대해서 전혀 아는 것이 없습니다. 물론 종교를 가지고 있지도 않습니다.

어느 해변 도시에 사는 젊은 여성의 간절한 편지다.

이 신청서 내용이 대부분의 수련신청자의 비슷비슷한 심정으로 헤아려져서 지도법사로부터 나서려는 내게 도움이 된다. 말하자면 나의 소임에 대한 의무감같은 것이 굳어진 것이다. 일상의 따분한 테두리에서 벗어나려고 하는 수련생들의 마음이 강하게 와 닿는다.

수련회는 지도법사의 수련이라는 느낌을 줄 정도로 시종 긴박감이 있다. 수련이 끝난 오후는 사무실에서 수련생들이 남긴 수련소감을 읽는 시간이다. 텅빈 사자루 수련장을 둘러보고 나서 수련소감을 읽는 것은 큰 즐거움이다.

좋은 점과 시정해야 할 점 등이 모두 나타나 있다. 글자 한 자 한 자에서 지난 4박 5일 동안 동거동락 해 온 일들이 생생하게 느껴진다.

다음은 수련소감의 일부다.

절묘한 프로그램!

경쟁률이(대략 3:1)높다는 것에 긍지를 갖고 열심히 참여하는 점도 있지 않을까요?

어떤 일을 당해도 조급해 하지 않는 마음의 평온함을 얻었다. 아주 기쁘다. 훗날 내 아들과 손자들에게도 이 수련이야기를 해 주겠다.

용서할 수 없었던 사람을 이번 선(禪)을 통하여 용서하게 되었다는 사실이 너무나도 기쁘고 힘이 생깁니다.

여유가 없는 수련일정이 안일하고 나태한 우리들의 생활을 되돌아보게 하지 않았나 생각합니다.

화두 참선의 방향을 잡았으나 이제 조사관(祖師關)을 뚫으려면 어떤 지식을 만나야 하는지 …….

나는 새롭게 출발하고 싶어 수련에 동참하였다.

참선은 나에게 새로운 충격이었다. 참선에 대하여 피상적이고 단편적이고 지엽적으로 생각해 온 나는 이제 선(禪)이야말로 우리가 살아가는 데 있어 살아 숨쉬는 활력소가 되며 삶의 그 자체임을 깨달았다.

수련생 중에는 의외로 선(禪)에 대한 기초입문과정의 지식이 부족한 이가 많다고 생각합니다.

참선에 대한 철저한 법문이 아쉬웠습니다.

지난 수련소 감철 가운데에는 다음과 같은 인상적인 이야기도 끼어 있다.

먼저 성스러운 침묵에 대해서 말해보고 싶습니다. 내가 처음 절에 들어오면서 단단한 각오로 4박 5일 동안 스님께서, "이제 말을 하시오." 할 때까지 단 한 마디도 않겠다고 다짐했는데 그 일을 실천하지 못해 참으로 아쉽습니다.
이 침묵하는 일이 다음 수련회에서 철저히 지켜질 수 있도록 부탁드립니다.

묵언(默言)은 여자로서 가장 힘든 수련이었습니다.

또 한편으로는 힘든 수련을 이렇게 표현한 이가 있다.

'수도생활이 이렇게 힘드니 맛 좀 봐라.' 하는 것 같았다.

수련생마다 여름 좌선 수련회의 관심이 조금씩 다르다는 점을 알 수가 있다.
더러 수준 높은 이도 있어 20분 혹은 30분, 40분마다 좌선하는 자리에서 일어나 조용히 걷는 포행죽비를 치는 걸 성가시게 느끼기도 하는가 보다. 반면에 다음과 같은 생판 모르는 초심자도

20∼30% 끼어 있다.

　조금씩 차근차근 적절한 설명을 할 때, '아, 이렇구나!' 하고 가
슴으로 와 닿을 수 있게 강사스님은 말씀해 주십시오.

　대부분 수련생은 강의 내용이 어렵다고 평한다.
　초급과정, 중급과정 및 고급과정의 수련구분이 어서 이루어져
야 할 터인데.
　이런저런 내용의 수련소감을 들추다가 나는 간밤 철야 용맹정
진으로 잠을 자기 못한 탓인지 책상 위에 그대로 쓰러져서 깊은
잠에 빠져들었다. 꿈결에서도 사자루에서 좌선시간이 죽비를 치
는 내 모습이 언뜻 스쳐보이기도 한다.
　'아, 피곤해라, 아, 시원해라.'
　어느새 저녁 공양시간이 가까와진다.
　잠에서 깨어나서도 비몽사몽 간에 수련회 일들이 머리 속에서
떠나지 않는다.
　'이뭣고 보살님들과 이뭣고 처사님들은 다 어디 갔나?'
　텅빈 사자루 수련장 안에는 물소리만 여전히 높다.

푸른 눈

외국스님들을 보고 '푸른 눈' 가졌다고 해서 송광사를 소개할 때, "이 절에는 눈 푸른 납자(衲子)가 많습니다." 하고 한다. 그렇지만 승보종찰(僧寶宗刹)이란 이름 뒤에는 보조국사를 비롯해서 대대로 16국사가 이어져 내려온 자랑거리가 있다.

국사전 현판을 살펴보면 대개 이런 말로 시작되었다.

"산은 높아야 명산인가. 산이 높지 않더라도 신선이 살면 명산이다. 물은 깊어야 대천(大川)인가. 물은 깊지 않더라도 용이 살면 대천이다. 여기 송광사는 높은 산 깊은 물이 없어도 대대로 16국사가 끊어지지 않고 이어져 내려왔으니 명산대천이라 할 만하다."

어느 절이나 역사가 깊으면 그만큼 자랑거리가 있기 마련이다. 그 중 고승대덕이 많이 들먹거려지기도 한다. 송광사도 가장 큰 자랑거리는 역시 16국사이며, 보조 국사다.

눈 푸른 보조 국사가 있어서 오늘의 송광사가 있게 된 것이다. 근세에도 효봉스님을 비롯해서 그 맥이 흐르고 있음을 본다. 이 즈음에 외국스님이 많이 몰려와 눈 푸른 납자는 더욱 많아졌다. 마음의 푸른 눈, 몸뚱이의 푸른 눈이 많다는 것은 아뭏든 좋은 일이다.

그런데 다음에서 눈 푸른 스승의 이야기를 두 가지 들고 싶다.

왜냐하면 오늘날과 같은 한국의 승가 현실에서 눈 푸른 스승이 가장 절실히 요구된 적도 없다는 생각에서다.

더구나 처음 발심한 행자교육의 실상은 거의 방치 상태에 가깝다. 언제나 행자교육을 이야기하면서도 해를 넘길 뿐 구체적으로 한 발자국 떼어 놓는 일이 없다. 적어도 해인사와 송광사를 눈으로 지켜보아 온 내게는 그렇다. 양로원 열 개보다 유아원 하나 세우라고 하는 말이 절실한 때다.

첫번째 이야기.

학생이 수업시간에 한 번도 안 들어와도 꾸중하는 일이 없다. 숙제도 물론이다. 자유롭게 지내도록 내버려둔다.

우리 승가학원에 들어오면, 매일 외워 바치고 논강(論講)하느라고 심지 뽑기에 질린 스님들이 들으면 환성을 지를 것이다.

권모술수에 능한 지도자, 늘 고민하고 비양심적인 유명인사를 원하지 않고, 평범하지만 자기 일에 충실한 사람, 행복한 청소부 등을 원하고 있다.

그렇다고 무관심 속에 완전히 방임하고 있는가. 그렇지 않다. 방 안에 앉아 있지만 늘 학생들을 보는 푸른 눈이 있다. 사랑의 눈길이다. 대자대비한 부처님의 푸른 눈이다.

예를 들면, 남의 목소리를 성우처럼 흉내내어 거짓말 잘하는 아이가 전화로, "나는 이 아이의 아저씨요. 여비까지 주었으니 외출을 좀 시켜서 보내 주시기 바랍니다." 하고 거짓말을 하였을 때, 선생님은 그냥 속아 넘어간다.

이튿날 아이가 외출을 승낙 받으러 온다. 선생님은 쾌히 외출을 하도록 승낙하면서, "그런데 말이야, 두 번째 전화가 왔거든. 여비가 좀 부족할 터인데 하더란 말이야." 하고 돈을 꺼내 준다.

아이는 눈을 번쩍 빛내면서 돈을 타가지고 외출하였다가 이런 편지를 보낸다.

"선생님은 거짓말쟁이요. 저보다 거짓말을 더 잘해요."

그러나 놀랍게도 이 아이는 외출을 끝내고 학교로 돌아와서는 아주 선생님과 친근히 지내고 매사에 적극적이다.

물론 거짓말을 하지도 않는다. 이것은 영국의 '섬머힐'이란 실험 학교 이야기의 한 부분이다.

그 다음 이야기,

작년 로스엔젤레스 올림픽 때에 많은 화제가 오고 갔다. 이 가운데서 제일 인상깊은 화제는 여자 체조에 있다. 선생님과 학생은 숫제 말로 인연이 있었던 사이다. 처음 선생님이 체조 학교 학생으로는 자격이 부족한 학생을 선발하고 체조를 가르킨 결과 '체조의 여왕'으로 뽑히게 하였으니 푸른 눈이 아니면 어려운 일이라고 생각한다. 고사(故事)에 말을 잘 고르는 사람으로 백락(伯樂)을 꼽는다. 그는 소금 수레 끄는 말을 천리마로 뽑는 안목을 가졌으니 그럴 듯하다.

아예 말이 백락을 보면 울고 사정한다고 한다. 체조 학교에서는 학생들의 체격에 기준을 까다롭게 두고 이에 맞는 학생만을 뽑았다. 그러나 눈 푸른 체조 선생님은 남자 체격을 닮았고 근육살이 찐 학생을 입학하게 하였다. 마치 백락이 소금 수레 끄는 말을 천리마로 뽑는 것과도 같다.

그 학생은 예상을 뒤엎고 최고 영예의 자리에 올랐으니 선생님의 푸른 눈 덕이 아닐 수 없다.

옛날 선사들의 일화에서, 사람을 척 보고 그때마다 적절하게, 혹은 할(喝), 혹은 방(棒), 혹은 향상일구(向上一句)로써 먹여주던 솜씨 그대로다.

그런 체조 선생님은, "누구나 체조 선수 자질을 갖추고 있다. 단지 다 특성을 버리고 획일적인 기준에 맞추려다 보니 실패한 것 뿐이다."라고 충고의 말을 하였다.

역시 서투른 자가 장고 탓하는 법인가 보다. 모두 부처될 수 있음에도 탓을 하고 또 탓을 한다. 좋은 분위기와 스승과 도반을 탓한다. 정말 눈 푸른 스승이라면 이런 탓을 싹 쓸고 근기에 맞는 법문을 내려줄 것이다.

여기서 '눈 푸른 스승'은 '대자대비한 스승'이다. 사랑은 모두를 이긴다. 학생들을 사랑하기 때문에 자유롭게 놓아주고 그 놓아준 시간에 더 많은 사랑의 눈길을 보낸다.

승가 교육에서 이런 자유가 필요하고 그걸 쓸 수 있는 스승이 필요하다. 자칫 자유란 방임으로 흐를 위험이 있다.

전통을 내세워 고집스럽게 자기 틀 속에 가두어 두려는 이가 있는가 하면 무관심 속에 그냥 될대로 되라 하고 편히 지내려는 이가 있다. 할 말을 해야 할 처지에 앉아 있는 어간의 노덕스님들은 하나같이 침묵으로 일관하고 반면에 탁자 밑 초심자들이 마구 설치는 판국이라면 무언가 잘못되어 있다. 이런 경우 웃지도 울지도 못한다.

조직과 체계화에 열을 올리고 그러다가 그 조직에 먹혀 희생되는 공산권 생활양식을 보면 이제 자유화 물결이 흘러 수정이 불가피하게 되었다. 좋은 부처님 법문을 두고 자꾸 조직과 체계화에 눈을 돌려가고 있는 승가와는 대조적이다. 일전에 신부·수녀님과 자리를 같이 한 적이 있었다.

그들은 이구동성으로 말했다.

"얼마나 공부할 시간이 많구 자유로워요. 참 부러울 지경인데, 불교계에서 조직을 내세워 획일적으로 매사를 처리하려고 한다면 문제가 큽니다."

유네스코 청년원 교수의 한 사람도 그 점을 염려하기는 마찬가지다.

"스님들이 앞으로 희망적입니다. 조직이 없이도 이렇게 잘 되어갈 수 있거든요. 너무 조직, 조직 하지 말았으면 해요."

조직으로만 묶어둔 사회는 조직이 깨어질 때 곧 흩어져 버린다. 그러나 눈에 보이지 않는 사랑의 눈길로 맺어진 사회는 외형적인 파괴가 따른다 해도 끄덕없다. 그런데도 조직, 규칙을 만들고 하는 데 조금도 늦추질 않는다.

법에 잘못이 있기보다 법을 쓰는 사람에게 잘못이 있어서 혼란이 따른다. 좀 잘못된 법일지라도 눈 푸른 이라면 멋지게 적용하는 묘미를 부릴 것이다. 후진국일수록 법을 많이 만들고 고치고 한다는 데 일리가 있다.

회칙을 자주 바꾸는 모임은 별 기대를 걸 수 없다. 시시비비가 끊이지 않는 모임의 소용돌이 속에는 사랑이 필요하고 그 다음이 조직이다.

이러고 보니, 눈 푸른 스승은 어디에고 필요할 뿐만 아니라, 우리 스스로가 그렇게 되지 않으면 안된다는 결론이 선다. 무엇보다 사랑이 앞서야 한다는 말과 함께.

보기 드문 일

어제는 삼보종찰(三寶宗刹)에서 각각 삼천 배씩 기도 올리기를 서원하고 통도사, 해인사를 거쳐 온 청년 한 사람과 자리를 같이 하였는데, 오늘은 조계산 송광사에서 대중스님 공양 올리는 후원살이를 자원한 25세의 미혼 여자 보살과 자리를 같이 하였다. 이들은 아무런 준비 없이 그냥 찾아와서 요청한다. 아주 순수하게 받아들여진다.

소위 첫 대면 인상으로 가부를 정할 수밖에 없다. 이런 저런 걸 꼬치꼬치 캐물어서 신심을 상하게 하지 않아도 좋다. 그냥 보고 승낙여부를 내리는 편이다.

혹 사람 살아가는 일에 그런 발심이 아주 보기 드물다고 해서 이상하게 받아들일 필요는 조금도 없다는 생각이 든다. 우리 스님들도 모두 출가의 길을 나섰을 때에는 보기 드문 일을 하지 않았던가.

단순하게 그냥 보이는 대로 받아들이지 못하는 데에는 의심이 있기 때문이다. 남을 못 믿는 것이야말로 직관을 방해하는 병이다. 세상살이가 평탄치 않다 해도 보기 드문 일을 자주 겪어온 승가에서는 자연스럽게 흔한 일로 처리되는 게 좋다.

여자 보살은 차를 마시면서, "여러 말을 않고 승락해서 아주 통쾌합니다." 하며, 두 달 후에 오마 하고 떠났다.

나는, "다른 건 다 괜찮은데, 나이가 젊은 미혼 여자라는 점이 걸리는데요." 하였더니, 대뜸 하는 말이, "수도하시는 분들이 그런 걸 못 넘기면 되겠어요?" 하고 쏘아 붙였다.

키는 여자 키로 그다지 작지 않다. 남자 머리형이고 얼굴 하관에서 턱끝으로 검은 점이 두 개 찍혀있다. 목소리가 시원시원하고 말하는 자세가 활달하다.

나는 그녀를 바라보고 나서 천천히 창지문으로 시선을 돌렸다.

"저 창지문을 봐요. 물을 뿌려서 입김을 호호불면 구멍이 뻥 납니다. 물이 묻지 않았을 때에는 손가락으로 뚫어도 소리가 큰 데 말입니다. 왜 그럴까요?"

잠시 숨을 돌리고 나서 말을 이었다.

"사람도 마찬가지가 아닐까요? 꺽으면 불어질듯 강한 쇠 모양으로 꿋꿋하다가도 한 번 애욕의 물이 들면, 약한 입김으로도 뚫린단 말이지요."

그녀는 이제 차를 천천히 마시며 숨소리를 조용히 가라 앉히려는 표정이다. 격조된 흥분을 가라앉히려는 것 같고, 처음 방 안에 들어왔을 때보다 침착하게 표정으로 짓는 것 같다. 아주 의지가 강해 보이는 시선이다.

나는 화제를 바꾸어, "처음 볼 때는 꼭 남자 같다는 인상을 받았습니다." 하였더니, 그제야 크게 웃고 긴강을 풀었다. 절 아랫마을 아는 사람 집에 와 있다고 한다.

읽을 책을 하나 뽑아 주었더니, "많이 주세요. 공부 많이 하고 싶어요." 한다.

나는 책꽂이에서 책을 뽑으며, "책벌레 또 나오겠군. 절에 오면 아는 것까지 잊으라고 했어요." 하였더니, 그녀는 다시 힘있게, "보아도 본 것 같지 않게 읽으면 되지 않아요?" 한다.

"처음 대면하였을 때, 어떻게 해서 송광사에 와서 살 수 있다는 자신감이 있었지요?"

"그야 물론, 느낌으로 아는 거 아니예요?"

"느낌으로 안다, 직감이란 말이군요."

"그래요, 직감, 직감."

"직감에는 이론이 있을 수 없어요. 그냥 보이는 거짓이 생겨납니다. 그냥 좋으면 좋고, 싫으면 싫고 …."

"이런 식으로 선(禪)과 교(教)를 이야기한다면, 직관은 선이고 이론은 교입니다. 진리는 직관을 통해 들어갈 수 밖에 없지만, 이걸 언어로 표현하자면 자연히 이론이 따르기 마련입니다.

아까 '본 바 없이 본다'고 하는 말은 이론이 붙은 거지요. 본 바 없이 본다면 그런 말도 별 효력이 없지요."

이렇게 이야기를 하고 끝을 맺었다.

흐린 물에 빨래하면 빨래는 되지 않는다. 맑은 물에서라야 가능하다. 이론과 분석으로 논리를 끝없이 끌어간들 끝이 보일까 말까. 꿈꾸는 이가 꿈꾼 줄 알면서 꾸면 거짓일 수밖에 없는 이치다.

어머니가 자식을 사랑하고 그 아픔을 제 몸처럼 여길 수 있는 것은 직감으로 안다. 혈육을 나눈 이 일수록 직감은 빨리 통한다. 그리고 부처님 같은 성인 대신 이들은 그 직감이 크게 발달해서

혈육을 나누었건 그렇지 않았건 간에 속사정을 깊이 이해한다. 동체자비(同體慈悲)는 이런 데서 생겨난다. 자비를 베푼다는 생각이 있는 자비란 아무래도 참 자비가 될 수 없다. 그냥 직관을 통했을 뿐이다.

장사꾼은 물건을 살 사람인가, 그렇지 않은 사람인가 직감으로 안다. 사랑하는 눈도 직감으로 알고, 싫어하는 눈도 직감으로 안다. 우리 생활 속에서 이 직감의 영역은 매우 넓다. 다만 알지 못할 뿐이다.

진리의 문은 직관이라야 가능하다고 한다. 그러나 이것은 남을 위해 말하기 위해서는 이론이 필요하다. 직관과 이론은 두 수레바퀴와 같고 새의 양 날개와 같다. 하나만을 고집할 수 없는 까닭이 여기에 있다.

일상생활은 이론을 통해서 이웃과 이웃이 관계를 맺고 거래한다. 어떻게 보면 척척 들어 맞아가는 시계 내부의 톱니바퀴를 연상케 한다. 5+2=7의 세계. 5+5=14라고 하면 6진법 세계에서 통한다. 10진법이 통용되는 세계 외에 세상 숫자만큼 많은 진법의 세계가 있음을 알면 좀더 직감, 직관의 영역은 넓어지지 않을까.

자기의 세계가 곧 작은 우주라고 해서 한 가지 진법만을 생각하는 일은 금물이다. 항하사 모래알 만큼 많은 세계가 있는 화엄법계(華嚴法界)는 그대로 부처님 세계로 통한다는 말에 수긍이 간다.

올 때도 사관으로 들어온 적 없고
갈 때도 사관으로 나간 일 없네
무쇠 소가 바다로 뚫고 들어가
수미산을 밀어서 넘어뜨렸네.

來不入死關　去不出死關
鐵蛇鑽入海　撞到須彌山

　이 게송은 선요(禪要)를 쓴 고봉선사의 임종게다. 와도 온 바
없고 가도 간 바 없는 고봉선사의 경계를, 잘 이론 붙인다면 천
길 벼랑에서 몸을 떨어뜨리는 짓이 되며, 마치 벌겋게 타오르는
화로 속에 한 점 눈발이 내려앉아 흔적이 없어지듯이 될 것이다.

잠 안오는 밤에

지금은 자정이 넘은 시간 12시 15분이다. 저녁 예불 후 9시 무렵까지는 절에 찾아온 손님을 만나 원주실 주위에서 이야기를 나누다가 내가 거처하는 방에 들어섰다.

서대문에 있는 단골 출판사에서 새 책이 보내져 왔다. 이 출판사에서는 책이 나올 때마다 내게 기증해 오곤 한다. 이번 책은 박삼중 스님의 『통곡하는 사람들』로 교도소에서 보고 들은 이야기를 모은 일종의 현장수기에 속한다.

읽어 볼 만한 책이다. 나는 앉은 자리에서 구상(具常)시인의 머리말을 읽고 계속 책을 넘겼다. 내용이 퍽 감동적이었다. 누구나 예비 사형수인 것만은 확실한 사실이다.

철창 밖에 있는 우리라고 별다른 인간인가.

나는 끝까지 읽으면서 끈질긴 생의 애착과 인연이라는 데에 관심이 갔다. 참으로 끔찍한 일을 저지른 죄인이긴 하지만 그 나름대로 모두 이유가 있다. 가장 잘 살아보고 싶었다는 말은 누구나 하나같이 하고 있다. 그러나 인연은 묘하게도 그들 죄수들에게 실망을 안겨주고 끝내는 사형수로 낙인 찍고 말았다는 것이다.

11시가 가까울 무렵 밖에서 누가 나를 불렀다. 오늘밤 텔레비전 특집프로 '지구의 신비'가 방영되기 때문이란다.

두 번째 부름을 받고야 잠시 쉴 겸 식당방 텔레비전 앞에 나섰다.

인도 땅이 북상하여 올라가 대륙을 밀어올리면서 히말라야 산맥을 만들어 놓는 장면, 미국 서부 국립공원 그랜드캐넌 이야기가 화면으로 나타났다. 지질학자들이 계산해 낸 지구 나이가 나왔다. 45억 년. 그랜드캐넌의 나이를 말해주고 있는데 성경에 의하면 겨우 6천 년에 불과하다는 해설도 나왔다. 그런데 힌두교에 의하면 60억 년이라니 지질학자의 견해와는 거의 맞아들어간 셈이라고 한 스님이 덧붙였다. 힌두교 신(神)이 호흡을 토해내는 시간이 60억 년이기 때문이다.

불교에서는 어떻게 말하고 있는 지 궁금하다. 1겁을 겨자씨에 비유한 대목이 있다. 사방 60리 성 안에 겨자씨를 쌓아두고 100년에 한 알씩 덜어내서 겨자씨가 모두 없어진 시간이 겨자씨 겁이다. 이 지구 나이는 팔만 사천 겁. 시간의 길이는 가히 불가설(不可說)이다.

인간의 수명은 길어야 일백 년 안인데 곳곳에서 죄악 만물상을 연출해 내고 있다.

"사탄이여, 어서 오십시오. 당신은 진정 부처입니다."

이번 초파일 종정스님의 법어.

이렇게 살지 않으면 곧 질식해 버리고 말 것 같은 세상이다. 원수 나라가 따로 없고 영원한 우방도 없다. 어제의 원수가 오늘은 친구가 되어 사는 세상이다. 은혜와 원한이 시시각각으로 얽히고 설킨 세상에서 어찌 '나' 란 자존심을 내세우랴. 탐진치 삼독을 건드려서 터트리랴 싶어진다.

생각컨대, 죄를 저지르고 포악한 성격을 드러내는 이들은 하나같이 저열한 하근기(下根機) 인생이 아니다. 고상한 성품을 지닌 상근기(上根機) 인생과 범속하기는 하나 복덕을 잃지 않는 중근기(中根機) 인생도 있다. 왜 그런가 하면 살인자 가운데서도 곧 성불하는 이가 어렵잖이 있기 때문이다.

옛적에 이견왕(異見王)이 바라제 존자께 물었다.

"어떤 것이 부처입니까?"

존자가 대답하여,

"본래의 성품을 보는 것이 부처니라."

이런 이야기를 나누다가 왕이 궁금하여 묻기를

"본래의 성품은 작용하는데 있느니라."

하고 그 성품이 눈에서는 보는 작용, 귀에서는 듣는 작용, 혀에서는 말하는 작용, 손에서는 쥐는 작용, 발에서는 걷는 작용 등을 하고 있다고 일러 주었다.

허공처럼 텅 비어 본래의 성품은 볼 수 없으나 보고 듣고 말하는 데서 찾아볼 수가 있다. 그게 부처란다. 나뭇잎과 열매, 가지와 줄기를 거슬러 올라 가서 뿌리를 찾아내어 근본을 드러냈을 때 본래의 성품은 드러난다는 말이다.

그럼 다시 죄에 대해서 생각해 보기로 한다. 제 본래의 성품을 보지 못하고 탐내고 어리석은 짓을 되풀이하는 범부중생은 누구나가 큰 허물덩이 ― 곧 죄인이다.

실정법에서 규정한 죄 이상의 죄가 부처님 법에는 넓게 지적되어 있다. 이미 사형수, 무기수 등의 문제가 아니다.

본래 부처였는데 무명 때문에 한 생각의 실족으로 허물덩이로
전락되고 말았다. 이게 인간의 모습이다. 그리하여 끝없는 생멸
을 되풀이 해가며 떴다 가라앉았다 한다.

전생의 일을 알고자 하는가.
금생에 받고 있는 이 모습이다.
내생의 일을 알고자 하는가.
금생에 짓고 있는 이 모습이다.

欲知前生事　今生受者是
欲知來生事　今生作者是

죄란 태어나면서 짓도록 벌써 결정되어 있으며 자라면서 주위
환경이 다시 죄를 행동에 옮길 단계로 만들어 놓았다. 허나, 전생
에 지은 허물 때문에 반드시 금생도 인연의 틀에 매여 죄의 구덩
이 속에서 살라는 법이 없다. 한 생각 돌이켜 수도 잘해서 제 본
분사를 찾았다면 부처를 이루는 것이다.
　부처님의 가르침에서는 언제나 본래의 성품, 마음을 밝혀 부처
이룰 가능성이 제시되어 있다. 극악 무도한 흉악범으로 불리워지
는 이까지도 바로 부처를 이룰 수 있는 가능성이 열려져 있다. 허
나, 금생에서는 참으로 어렵고 힘든 일이다. 현재의 위치가 늘 원
점에서 시작된다 하더라도. 그렇다고 전생의 빚을 외면할 수도
없는 입장이다.

털끝만큼도 어김이 없이 분명한 인과의 세계 – 물 한방울 풀 한
포기도 제 놓일 자리에 놓여 있는 세상이다.
이 대명천지에 허물을 숨길 곳을 어디서 찾으랴.

불사에 얽힌 이야기

선암사 관음상

조계산을 동서로 양대 본산 고찰이 자리하고 있다. 서쪽에는 송광사, 동쪽에는 선암사. 여기서 이야기하려는 내용은 300년 전에 처음으로 선암사 관음목불(觀音木佛)을 모시게 된 연유다.

불모(佛母)는 호암스님. 그는 말로만 듣고 경전에서만 알아온 관세음보살을 나무에 조각하려는 남다른 결심을 하였다. 우선 관세음보살님을 친견해야겠다 싶어 백일기도를 지성껏 모셨다. 허나 정성이 모자란 탓인지 원을 이루지 못한 채 회향일을 맞고 말았다. 그러나 그는 불같은 신심으로 두 번째의 기도에 들어갔다. 한생각 한생각이 흐트러지지 않도록 더욱 정성을 기울였다.

그러나 혼신을 기울여 제불보살께 올린 두 차례의 간곡한 백일기도가 다 끝났으나 역시 관세음보살님의 옷자락조차도 친견하지 못하고 말았다. 절망한 그는 뜻을 이루지 못하고 살 바에야 죽는 게 낫다는 생각에 자살하기 위해 선암사 뒷산 절벽처럼 서 있는 배바위에 올라 서서 몸을 던졌다. 그 순간 홀연 안개가 감싸오며 그는 관세음보살을 눈으로 똑똑히 보면서 떨어져 내렸다. 이상하게도 다친 데 하나 없이 온전하였다.

호암스님은 골짜기에서 꿈에서 깨어난 듯 일어나 선암사로 돌아와서 관세음보살을 조각하였다. 그 후 원통전에 관음목불이 봉

안되었고, 선남선녀의 향연(香煙)이 지금까지 끊이지 않는다.

묘심사 천정 용 그림

일본의 대본산 묘심사 대웅전 천정 전면에는 커다란 용이 그려져 있다. 이 용 그림은 화공이 직접 용을 보고 그 소리를 들은 후 그린 그림이기 때문인지 다른 용 그림보다 훨씬 생기가 넘친다고 한다. 대웅전 천정에 용 그림을 그릴 만한 화공을 찾던 이 절 주지스님은 용의 모습을 실제로 본 사람이라야 된다는 조건을 제시했다.

그러나 그런 화공이 쉽게 나타나지 않았다. 주지스님은 한 화공을 만나자, "우리 절에 오면 용을 볼 수 있다!"고 말했다.

이에 화공은 귀가 솔깃해져서 묘심사로 따라왔다. 용이 어디 있느냐는 화공의 물음에, "선방에 앉아 좌선하고 있으면 용이 나타난다네." 하였다.

화공은 2년 동안 참선을 한 끝에 용의 모습을 보고는 주지실로 뛰어가, "주지스님, 용을 봤습니다!" 하고 외치자, 주지스님은 버럭 고함치며 물었다.

"용의 소리를 들었느냐?"

귀를 찢는 듯한 고함 소리에 놀라 자빠지며 화공은 힘없이 아니라고 대답했다.

"그럼, 용의 소리를 듣고 오게!"

다시 3년 동안을 선방에서 정진하던 화공은 용의 소리를 분명히 들은 후에 주지 스님의 승낙을 얻고 용의 그림을 단숨에 그려가기 시작했다.

칠불암 목탱화

수년 전 지리산 칠불암에서의 희유한 인연 이야기.

대웅전에 목탱화를 모시기 위해 주지스님과 조각가 청년이 계약을 맺었다.

"청년이 절 안에서 일하면서 원하는 대로 생활하되, 매 월 얼마씩 받기를 원하는지요?"

"1백만 원씩 받기를 원합니다."

"그래요, 그 대신 승복을 입고 삭발하여 5계를 받고 스님처럼 사는 거요. 이 불사를 마치는 날 5계를 다시 바치고 머리를 길러 나가도록 하시오."

"예. 그렇게 성의껏 모시겠습니다."

청년의 조각 솜씨는 가히 천재적이라 할 정도로 빼어났다. 송광사의 국보 목조삼존불감을 그대로 본떠서 조각해내는 솜씨가 놀라웠다. 일을 하다가 때로 손길을 멈추고 석굴암에 가서 정좌하고 앉아 있기도 하면서 진불(眞佛)의 재현에 전력투구하였다.

그가 2년 동안 목불탱화를 모시고 회향하던 날이었다.

"이제 불사는 끝났으나 청년 생각해보지 않겠소? 예술은 길고 인생은 짧듯이 허무한 인생살이 꿈을 깨고 참 생활을 해 보지 않겠소? 영원한 진리의 세계 말이오. 진불 그대로 사는 거요!"

청년은 그대로 주저앉아 진실로 불제자가 되었다. 이제부터 진불을 찾는 불사가 시작된 것이다.

저마다 잘난 자기 때문에

아, 이젠 좀 푹 자야겠다. 요며칠은 다람쥐 쳇바퀴를 굴리는 듯한 생활의 연속이었다. 한 스님의 입적 이후 뒷치닥거리로 염습 입관 다비식 준비 등으로 지리산을 연 이틀 오르락내리락 하였고 『선(禪)의 세계』 교정으로 사나흘, 그 다음에 이틀 동안 독서실에서 꼬박 날을 새워가며 재수생 틈새에 끼어 운전면허 필기시험 준비를 하였다.

독서실에서 지내는 춥고 배고픈 입시준비생의 애환을 피부로 느낄 수 있는 좋은 기회였다. 다행히 국내에서 처음 본 운전면허 시험에 바로 합격을 하고 안전교육까지 마쳤다. 필기시험이 특히 염려되었으나 무난히 통과된 데에는 나름대로의 복안이랄까 구상을 가지고 있었던 까닭이다.

문제집의 반도 보지 못한 채 이틀 동안의 준비로 합격을 할 수 있는 비결은 다름아닌 시험보는 요령을 터득한 탓이다.

나는 1987년 초에 캘리포니아에서 시행하는 운전면허 시험을 통과한 적이 있다. 그 해 10월 귀국하면서 국제면허증 절차를 밟지 않고 캘리포니아 운전면허증마저도 여권과 함께 버린 까닭에 효력이 저절로 사라져버렸다. 그래서 어제 다시 운전면허 시험을 치른 것이다.

미국과 우리나라는 운전면허 시험에 있어서 퍽 대조적인 점이 많다.

 미국은 가능한 많은 합격자를 내려고 하는 반면, 우리나라는 많이 떨어뜨리려고 하는 인상이 짙다. 필기시험의 기회를 하루에도 몇 차례씩 주어 합격시켜 주려고 노력하는 게 미국이다.

 우리나라의 문제를 보면 떨어뜨리려고 하는 경향이 엿보인다. 말이 꼬이고 어렵게 나타나 있어서 자칫하다가는 아는 문제도 놓치지 십상이다. 쉽게 표현될 수 있을 터인데 왜 그렇게 까다롭게 문제를 내는지 알다가도 모를 일이다. 함정을 파자는 곳이 한두 군데가 아니다. 정신을 바짝차리고 문제를 찬찬히 뜯어 살펴보면 답이 어느 것인지 알 수 있는 요령이 생긴다. 교통법령 등의 문제라기보다 시험보는 요령을 잘 터득해야 한다는 쪽이다. 인명 존중과 여유있는 마음으로 양보하는 운전자세의 시각으로 문제를 풀도록 되어있다.

 기능시험은 필기시험보다 더 요령이 필요하다. 미국은 그냥 시내 한 거리를 시험관과 함께 차로 돌고 나면 되는 반면, 우리나라는 기아 1단 상태에서 굴절, S자, T자 코스를 돌면서 창 밖으로 얼굴을 내밀고 바퀴를 확인하는가 하면 회전할 때에 어느 지점에서 어떻게 핸들을 꺾는가 하는 요령이 문제. 실제로 시내 운전을 하려면 다시 연수과정을 거치지 않으면 안되는 까닭도 여기에 있다. 실용면이 부족하다는 지적이 옳다.

 차의 바퀴자국은 차 앞 모서리 한 점을 표준삼아 의탁 확인하는 방법을 미국에서는 운전교육 첫시간에 가르친다.

 친절한 선생님은 초보운전자에게 반창고나 눈에 잘띄는 테이프를 차 앞모서리에 붙여주고 사선으로 바퀴자국을 확인하도록 하면서 차 모서리 한 점을 통해서 보도록 한다.

펙 실용적이다. 살아있는 운전교육이라고 느껴진다.

미국은 운전면허 시험을 쉽게 하고 교통 위반자는 교정교육 등으로 철저하게 지도한다. 운전면허 이후 법질서 확립에 주안점을 두고 있다.

우리나라는 운전면허 시험을 어렵게 치르게 한다. 그 뒤에는 교정교육이 소홀하다.

주·정차 위반 차들이 길거리에 수두룩히 있어도 눈감아 주는지 손이 못 미치는지 속수무책이며, 속도를 위반하는 일 역시 다반사다. 신호 위반, 일단 정지 위반, 건널목 위반 등도 마찬가지. 교통질서에서 가히 무법천지라는 말이 나올 정도다. 성미 급하고 빵빵거리는 운전기사 역시 미국과는 천지 차이다. 운전기사들끼리 미소를 주고 받으며 양보하는 모습을 어디서나 볼 수 있는 곳이 미국이다.

유럽 한 나라에는 자동차를 사려고 하는 사람의 인품을 평가한 후에 차를 파는 회사가 있다. 그 회사의 차를 타는 사람은 마음놓고 믿어도 좋다는 일종의 신용보증 역할까지도 하는 셈이다.

우리 주위에는 황금만능주위란 말이 나돌지만 이런 자동차 회사는 인간 양심을 첫째 신조로 삼는다. 꿈 같은 이야기다.

운전하는 사람의 입이 거칠어지는 이유는 간단하다. 양보없이 설치는 무지막지한 동료 운전자들 때문이다.

작년 교통사고는 끔찍하리만큼 많았다. 하루 평균 35명이 교통

사고로 사망하였고, 중경상자는 880여 명이었다. 하루 교통사고
는 700여 건씩 일어났으니 가히 교통지옥이란 말이 나올 만하다.

로스엔젤레스에서 소수민족의 운전면허 취득 기간에 따른 성향
을 보면 우리나라 사람이 빠르다고 교민들 사이에서 이야기를 한
다. 비공식 집계로 미국 사람이 20일이 넘는 반면 일본 사람이 15
일이 넘는 정도이고, 우리나라 사람이 10일 남짓 걸린다고 한다.
능력과 집념이 대단하다.

우리나라 교민에게 유태인과 같은 저력을 인정하여 제2의 유태
인이라고 할 정도다. 하여간 개개인으로 보면 모두가 빼어난 인
재들이다. 학교에서도 우리 교민들 자녀가 대통령상을 타는 예가
적지 않다. 놀라운 재능이고 노력이다.

문제는 딱 한 가지. 단결하는 힘, 단결하는 마음이 부족하다.

개개인의 입장에서는 다 잘나고 빼어났으면서도 왜 눈덩이처럼
크게 뭉쳐서 대의에 따라 단결하지 못하는지 딱한 일이다. 사회
와 국가의 장래를 개인의 장래와 함께 나란히 염려하는 긴 안목
은 학교교육, 사회지도 이념, 국가지도 이념으로서 열 번 강조되
어도 부족할 것이다. 국가주의, 몰개인주의 체제가 아니고 너도
잘되고 나도 잘되는 길이다.

우리 사회가 잘 되려면 가장 먼저 단결하는 힘, 단결하는 마음
이 익어야 하며 교통질서와 함께 사회공익 쪽에 시야를 활짝 넓
혀야 할 것이다. 개개인의 잘난 재능도 이런 때라야 더욱 크게 빛
을 낼 터이다.

절 집안 소임을 살 때에는 먼저 '자기'가 없어져야 한다.

대중을 외호하는 스님의 뒷바라지를 하는 자세를 일관해야 하기 때문이다.

'자기'가 살아 남아 있다가는 큰일이다.

'자기'를 끝까지 고집해서 소임을 보다가는 외호는 커녕 제 수행의 몫도 다하지 못한다. 흐름에 따라 대중의 뜻을 받들어서 하심하는 자세가 외호 소임자의 모습이다. 하고 싶은 일이 있고 하기 싫은 일이 있어도 '자기'가 없어진 까닭에 외호 소임자는 참아야 한다. 그렇게 참지 못하고 '자기'를 내세울 바에는 대중 속에 들어가서 정진하거나 토굴에서 혼자 지내는 편이 훨씬 낫다.

우리 사회생활에서 저마다 잘난 '자기'가 너무 많이 드러난 까닭에 단결하는 힘, 단결하는 마음이 부족하지 않은지.

공양 한 번 잘 낸 사람이네

사귐에 있어서 냉철한 이지보다 인간적인 정감이 앞선다는 건 당연한 노릇이다.

스승을 모시고자 할 때에 반드시 다른 이들이 훌륭하다고 지칭한 분을 액면 그대로 다 받아들이기도 어렵지만, 더욱 중요한 건 스승과 제자 사이의 인정이다. 다른 이들이 별로 대수롭지 않게 여기는 분 가운데서도 자기의 훌륭한 스승을 발견하는 경우가 종종 있다. 인정이 통하기 때문이다. 인간적인 정감이 서로 통하여 신뢰감이 두터워지기 때문이다. 한 때 스승을 찾아나서서 풍문만 믿고 이리 기웃 저리 기웃 해본 적이 있었다. 인연의 탓인지 모르나 역시 인정이 통하는 분이 오래 스승으로 마음 속에 남아 있다.

처음에는 훌륭한 스승으로 기억되다가도 인정면에서 통할 수 없었던 분은 잊혀져 가고 있다.

지대방에서 들은 다사로운 인정담이 있기에 여기에 소개한다.

한 사고뭉치 스님이 절 살림살이를 맡아보는 원주소임을 보다가 하룻밤 사이에 공금을 가지고 줄행랑을 쳐버렸을 때였다. 주지스님은 이 상좌를 별로 원망하는 빛을 보이지 않고 평시대로 한달쯤 보내었다. 어느 날 밤 삼경 무렵에 주지스님이 이부자리를 깔고 막 잠을 자려고 할 때였다. 돌연 사고뭉치 스님이 새까맣

게 탄 얼굴과 앙상한 몰골로 나타나서 용서를 빌었다. 주지스님은 담담한 표정으로 엎드린 상좌에게 한 마디를 던졌다.

"너, 그 동안 고생 많았지? 몸이나 다치진 않았느냐?"

이 말 끝에 상좌는 얼굴을 못 쳐들고 오랫동안 울먹였다. 스승의 따스한 말씀 한 마디는 어느 상단 법문보다 살아있는 법문이었다.

상좌는 그 이후 필사의 노력으로 주지스님을 받들어서 정말 착실하게 원주소임을 보았다. 주지스님이 죽으라고 하면 죽는 시늉까지 낼 수 있는 스님이 되었던 것이다. 사고뭉치 스님은 복이 많아서 좋은 스승을 받들어 모신 셈이다.

살아있는 법(法)이 있다면 법으로써 제자를 다스릴 일이나 그렇지 않으면 인정으로 제자를 거두어 들이는 일이 필요할 것이다. 법도 없고 인정도 없는 차제에 어설픈 법문만을 앞세우는 건 어불성설이다.

운전을 하다보니 노상에서 일어나는 이런저런 일과 외국 교통경찰의 단속수칙 등에 대해서도 귀동냥을 하게 되었다.

한 달 전 쯤의 일이다. 도로공사 현장사무소가 있는 부근에서 차 앞유리가 박살나 버렸다. 밤톨만한 돌멩이가 날아와서 앞 유리창을 깨트린 것이다. 고속도로에서 빠른 속도로 달리다가 당한 일이라서 나는 더욱 당황하였다.

처음에는 밤톨만한 돌멩이가 앞 유리창에 '땅' 하고 닿자마자 그 부근만 거미줄 무늬로 깨어지더니 부근 현장사무소 앞에 멈추어 섰을 때에는 전체로 '쫙 쫙' 하고 퍼져나가다가 유리조각들이

한꺼번에 왕창 쏟아져버렸다. 유리조각을 옷에서 털어내고 공사
현장 사무실 책임자를 찾았다. 그는 40대의 중후한 신사였다. 사
고 경위를 설명한 다음 내가 말하였다.

"이거, 큰 낭패인데요. 어떻게 처리하실 생각입니까?"

책임자 신사가 노련한 말 솜씨로 대답하였다.

"글쎄요. 반드시 도로공사현장 부근에서 사고가 났다고 해서
…. 가령, 아침에 자고 일어나면 유리창이 쫙 깨어지는 수도 있지
요. 아무 충격을 가하지 않아도 유리라는 게 깨어질 수 있거든요.
또 공사현장의 돌멩이라고 증명이 되어야 하는건데 … 다른 차
바퀴에 낀 돌멩이가 휙 날라올 수 있어요. 참 어려운 일입니다."

"허참, 말이면 다인 줄 아는가 보지. 이보시오, 지금 그런 말을
할 때요? 차라도 한 잔 턱 내놓고 사고가 나서 당황한 이를 위로
해서 진정시킨 뒤에 그런 말을 해도 되지 않소? 또, 하실 말씀이
그것 밖에 되지 않소? 한 번 자고 나서 깨어지는 유리가 1년 365
일 중에 몇 번이나 있습니까? 공사장에 지천으로 깔려있는 돌멩
이 중에 다른 데서 온 돌멩이가 몇 개나 되겠소?"

그는 입을 다물고 허탈한 웃음을 지었다. 법만을 앞세워서 책임
을 회피하려는 그가 얄미워서 나는 미운 소리를 쏟아내었다. 그
의 말하는 폼이 퍽 자연스럽고 이치에 맞는 듯 해보이나 이로 인
해서 피해를 본 이들이 얼마나 될까.

외국 교통경찰의 단속수칙에는 인간적인 면이 엿보인다.

아버지가 휴일 아침에 단란한 가족을 태우고 과속 운전을 하였
을 경우에는 가벼운 충고로 그친다. 아버지는 한 가정의 어른으

로서 존경의 대상이 되기 때문이다. 만일 법을 앞세워 휴일 아침에 단란한 가족을 태우고 가는 아버지에게 딱지를 뗀다면 얼마나 무자비한 일인가. 정말 인정있는 조치로 잘한 일이다. 한 가정의 가장이 기분잡치게 되면 역시 일가족에게도 그 영향이 미칠 경우를 우려한 조치다.

회사 사장이나 책임있는 이가 그의 아래 직원들과 유쾌한 나들이를 하다가 가벼운 교통위반으로 단속 대상이 되었을 경우에도 인간적인 배려가 따른다. 참 잘한 일이다. 법이 밀가루라면 인정은 물. 좋은 반죽이 되려면 물과 밀가루의 배합 비율이 적당하게 어우려져야 하며 물이 많은 밀가루 반죽이나 너무 단단한 밀가루 반죽으로서는 좋은 수제비나 칼국수를 만들 수 없는 이치다.

나는 요즘 버릇이 하나 생겼다. 만나는 사람마다 이렇게 생각하고 기꺼이 화합하려고 노력한다.

"공양 한 번 잘 낸 사람이네!"

사바세계에서 사는 중생은 무엇인가 이익이 따라야 관심을 갖기 마련이다. 자기 이익이 클수록 큰 관심을 갖는 것도 인지상정이다.

그렇다고 매양 이익만을 좇아서 살아갈 수만은 없는 일이고 보면 무관심에서 관심으로 의식을 전환시키는 기술이 필요하지 않을까.

오래 전의 일이라 지금은 기억이 나지 않는다는 것을 전제로 하고 만나는 사람에게,

"공양 한 번 잘 낸 사람이네!"

라고 마음먹곤 한다. 종무소에서 방문객을 대할 때도 이렇게 생각하고 흔연히 맞아들이려고 한다.

따지고 보면 이것도 다 부질없는 망상이다. 내 한 몸보다는 많은 이웃에서 눈을 크게 돌려서 자비희사(慈悲喜捨)하는 보시정신은 언제나 가지게 될 것인가.

금전출납부

금전출납부 한 권을 끔찍히 아끼고 있다. 내 책꽂이에서 단연 으뜸가는 소장품인 만큼 이야기 거리도 적지않다.

차를 나누면서 자랑삼아 주위 분들에게 이 금전출납부를 내보이면,

"허 참, 이런 귀한 보물이 있군요."

"사람의 솜씨라기보다 신필이라 할 만합니다."

"정말, 대단한 정성으로 쓴 글씨들이 놀랍습니다."

하고 저마다 찬탄을 아끼지 않는다.

맨처음 이 금전출납부를 발견한 때는 1976년 여름으로 기억된다. 법성료 큰방 부엌 아궁이에 잡동사니 서류를 불태울 때였다.

그때는 이 금전출납부의 가치를 모르고 그냥 깨끗한 노트라는 생각이 들어서 챙겨두었다. 크기는 4·6배판보다 폭이 약간 넓고 검은 색 하드카바에 '금전출납부' 라고 금박을 한 200쪽짜리 노트다. 보존상태가 좋아 거의 원형이 가깝다.

첫장에 '소화 18년(1943)' 정월부터 시작하여 송광사의 살림살이 내력이 쭉 적혀 내려오다가 끝장에 '4281년(1948)' 섣달 그믐날에서 마감한다.

해방 전후 6년 동안의 송광사 살림살이 내용이 손금같이 환하게 나타나 있다.

　농수산부 자료에 의하면, 해방 전 쌀값(80kg 기준)이 중품으로 15원 내외며, 요즘 시세는 9만 7천 3백 원이다. 쌀값으로 미루어 보건대 해방전의 1원 가치는 대략 4천 원에 해당하지 않을까.

　이능화 거사는 《조선불교통사(朝鮮佛教通事)》 3편을 지은 분으로 내외전에 널리 통달한 역사적 인물인데 어느 때 입적하였는지 불교사전에도 나와 있지 않으나 이 금전출납부에 의거하면,

소화 18년(1943) 5월 5일
경성 고(故)이능화 선생 영결식 화환 일 쌍 대금 10원(약 4만원)

으로 지출된 내력이 있어 67세를 일기로 마감한 입적일이 거의 드러난 셈이다.

　이 금전출납부를 끔찍히 아끼는 또 하나의 이유는 아주 정성스럽게 쓴 펜글씨 때문이다. 꼼꼼한 이들이 뒤를 이어서 정리한 탓인지 마치 사경을 한 글씨 같아 보인다. 한 자 한 자 또박또박 쓴 글씨가 정말 놀랍다. 뿐만 아니라 매일 일계를 내어 도장을 찍는 절차도 특이하다.

　수도자 금전출납부의 표준으로 내세울만 하지 않을까.

　매사가 그러하겠지만, 아무리 좋은 것일지라도 생활과 동떨어져 있는 것은 나의 관심 밖의 일이다. 구양순체니 안진경체니 하고 체본 글씨만 습자시간에 익히고 붓을 놓어 버리기보다 꾸준히 생활 속에서 붓글씨를 익혀야 바람직하다는 지론이다.

　완당 김정희 선생의 서체가 희대의 명필로 꼽히는 이유가 ‘동

심체(童心體)'에 있다고 한다. 혼탁한 생활에서 빚어진 때묻은 어른들의 기교가 아닌, 가식없는 동심체가 완당 선생의 관심사였다는 이야기. 제주 유배시절 아이들이 천자문을 습자한 종이를 낱낱이 뜯어보기를 즐겼으며, 때로는 아이들에게 종이를 나누어 주고 막힌 글씨를 쓰도록 하여 좋은 착상을 얻었다는 것이다.

고승 석덕의 선화 선필을 다만 정성으로 보는 것이지 국전심사 기준을 들어 명필 여부를 논할 수 없는 이치다.

요즘 볼펜의 등장으로 붓글씨를 접할 기회가 매우 줄어들었다. 편리라는 이름의 마(魔)가 붓글씨를 내몬 탓이다.

붓을 가까이 할 때의 즐거운 기분을 말한다면 마치 어린아이가 흙장난을 하고 노는 유희다. 날이 저물어서 흙장난을 하는 걸 말렸을 때에 방 안에 떠밀려 들어온 어린 아이가 어서 날이 밝기를 기다리는 것과 같은 간절한 심정이다.

사불사경(寫佛寫經)을 간편한 붓펜으로 시작한 이도 정작 붓을 들어 그걸 실험해 보고는 붓글씨의 매력에 빠져든다.

글씨는 명필체로 잘 쓰고 못 쓰고를 논하기보다 이 금전출납부와 같이 정성을 첫째로 꼽는 편이 가치있는 일이다. 서예가가 아닐지라도 청정한 마음으로 정성스럽게 일필휘지 한 옛 현판 주련에서도 동심체를 만난다.

좁은 돌계단이 사라진다

얼마 전 일본 나고야 시내에서 기모노 차림에 게다를 신은 처녀의 행렬을 보고 감탄한 적이 있다. 내용인즉, 일주일에 한 차례씩 두 시간 정도 전통문화 교육시간에 기모노를 입는 시간이 있다고 한다. 혼기를 앞둔 처녀들이 기모노를 화려하게 차려 입고 예의 바른 걸음으로 가는 모습을 보고 생각난 게 대가족 제도였다.

지난 날 대가족 제도 아래서는 따로 전통문화 교육시간이 없었어도 충분히 선대의 지혜가 정해졌을 것이다. 할아버지 할머니와 손자 손녀가 화목하게 어울려 지내는 시간에 자연스런 교류가 이루어졌을 것이다.

헌데, 핵가족 시대를 맞아 그런 미풍양속은 차츰 줄어들어 전통문화가 끊어질 우려까지 안고 있다.

우리나라에서도 문화강좌와 모임이 곳곳에 있는 것으로 알고 있다. 큰 도시에 전통찻집과 차문화 강좌가 늘어가고 한식날 영전에 차례를 올리는 송광사의 유풍도 잘 지켜지고 있다.

이와는 반대로 한때 불교개혁의 일환으로 노후대책이 논의되어, 노덕스님네를 대중처소와 따로 독립해서 편안히 모시는 쪽으로 생각을 낸 이들이 있었다. 이건 천만부당한 노릇이다.

예순 살이 넘은 노인네들을 고급 아파트에 살게 한 미국 양로원의 경우를 보면 그 이유를 잘 알 수 있다. 자기가 낸 세금의 다소에 따라 아파트 등급이 매겨진다. 그러나 노인네만 살도록 하면 무슨 재미가 있을까.

우리 절에 나오는 노보살님이 미국 고급 양로원에 살고 있기에 몇 차례 방문을 한 적이 있다.

나는 고급 양로원 아파트 안에서 젊다는 이유 하나만으로 주위 노인네들에게 인기였다. 엘리베이터에서 만난 노인들이 당신 처소에 가서 차를 마시고 가지 않겠느냐는 인사말을 꺼내었고 대기실에서 자리를 함께 한 노인네들은 내가 찾아간 우리 절 노보살님을 부러워하였다.

깨끗한 실내, 밝은 조명, 점잖은 노부부들이 내게는 조금도 안온한 분위기로 느껴지지 않았다. 수많은 노인네가 모여사는 양로원이 바로 유령굴처럼 느껴졌다. 어쩐지 무시무시한 기분이 들 정도였다.

내 차림새가 깔끔하지 못한 편이었으나 의외로 돋보인 이유는 간단하다. 나이가 젊다는 단 하나의 이유다.

어른 아래서 자란 사람은 어딘가 다른 점이 있다. 품위와 예의범절이 서려 있어 기품이 엿보인다.

박물관에 진열되어 있는 구리반지의 내력을 아는 이가 많지 않은 것도 다 이런 이유가 될 터이다. 시어머니가 새며느리에게 혹은 할머니가 손녀에게 물려주는 구리반지는 여성의 자유의 상징이 아닐까.

대체로 여자들의 손가락에는 금, 은, 놋쇠 반지가 한두 개씩 끼어 있기 마련이다. 특히 결혼 반지가 필수적이었으니까. 그런데 이 구리반지는 보통 반지보다 훨씬 투박스럽고 크다. 말하자면 눈에 잘 뛰도록 만들어진 것이다.

이 구리반지는 아내가 옷고름에 매달아서 남편과 동침을 피하고자 하는 신호로 사용했다.

매월 찾아오는 월중행사가 있다는 묵언의 표시이다. 뿐만 아니라 자유로운 의사표시로서 굳이 동침을 원치 않을 경우에도 구리반지를 내밀 수 었었다.

지혜로운 남편은 아내의 의사를 존중해서, "오늘 밤에 달이 뜨려나?" 하고 월중행사 여부를 넌즈시 물을라치면, 아내는 이에 응수하여, "달이 뜹니다." 혹은, "아직 달이 뜰 때가 멀었습니다." 할 것이다.

물론 달은 월경을 뜻하는데, 퍽 자연스러운 대화로서 상대방의 의사를 존중하는 미풍양속이다.

어르신네가 전하는 말로 버섯은 음지 식물로서 이를 많이 먹었을 때에 음심(淫心)이 크게 일어난다는 말에도 일리가 있다.

고사리가 한때는 암을 일으키는 식품으로 수난을 당하였는데 실상은 옛부터 정력제라고 하여, 명절날에는 남자들의 밥상에 놓인 고사리 나물을 내려서 치우라는 말을 시어머니가 며느리에게 전하였다고 한다.

명절날이 돌아오면 여자들은 부엌에서 고생고생해 가며 제삿상 차리랴, 손님 음식 장만하랴 애쓰는데, 남자들은 방 안에서 술마시고 시간을 보내니 균형이 맞질 않는다는 것이다. 게다가 남자들이 고사리 나물까지 먹어서는 큰 탈이다. 지혜있는 시어머니는 며느리를 위해서 남자들 상에서 이 고사리 나물을 치우게 하였다.

전통문화와 유풍이 잘 보존된 곳으로 아직은 절 집안을 꼽을 수 있는데, 이것도 하루 아침에 어떻게 달라질지 모를 일이다.

옛날에는 대웅전 앞 돌계단이 발길이보다 훨씬 좁게 만들어져서 아주 정성스럽게 열 걸음으로 오르도록 되어 있었으나 이제는 불사를 한다고 하여 폭을 넓게 만들고 있다. 불국사 대웅전 앞 돌계단과 송광사 관음전 앞 돌계단은 아직 옛모습을 잘 지키고 있으나 이것도 누가 뜯어 고쳐버릴지 모를 일이다.

돌계단의 폭이 넓을수록 발의 운신 폭이 넓어져서 발놀림을 함부로 가질 수 있다. 부처님 앞에서만은 아주 점잖게 행동하도록 하기 위함인데 …….

뛰어다니는 것 중에서 세 가지 꼴불견으로 첫번째는 왕이 뛰어다닌 모습이고, 둘째는 코끼리가 뛰어다니는 모습이고, 셋째는 스님이 가사자락을 펄럭이고 뛰어다니는 모습을 든다. 법당 출입을 할 때에 발 놀림새가 아주 점잖토록 폭이 좁은 돌계단을 쓴 선대 어르신들은 얼마나 지혜로우신가 생각해 볼 일이다.

불공

창원에서 온 한 노보살님이 절 입구에서 한 뼘 남짓한 돌탑을
쌓으면서 이런 노래를 불렀다.

탑아 탑아 공든 탑아
낮 이슬 밤 이슬 그만 맞고
시묘(侍墓) 삼 년 그만 살고
왕생극락 이루소서.

노랫가락을 멋지게 읊기에 눈여겨 보았다. 불공(佛供)이라고
하여 전화 한 통화, 혹은 수표 한 장을 담은 우편으로 처리하는
무성의한 이들이 있는가 하면 이런 정성스런 불공도 있다.

한 이십 년 전의 일이다.

신록이 짙어가는 초여름 어느 날 도력이 높은 노승의 토굴에 한
방문객이 찾아 들어서 출가한 이야기다.

방문객은 서울서 올라온 청년이었다.

그는 엎드려서 노승에게 이렇게 간청하였다.

"노스님, 제 간청을 들어 주십시오. 저에게 참 삶의 길을 열어
주십시오."

노승은 청년의 퀭한 눈빛이 범상치 않음을 깨닫고 긴 침묵 속에

서 지그시 청년을 바라볼 뿐 입을 열려고 하지를 않았다.

"노스님, 법문을 간곡히 청하옵니다."

청년이 거듭 간청하면서 머리를 조아렸다.

한참만에 노승이 입을 열었다.

"그래? 법문 값을 얼마나 가지고 왔으냐?"

이 말이 떨어지자 청년은 의아스런 눈빛으로 숨을 죽이고 잠자코 있었다.

"이보게, 법문 값을 얼마나 가지고 왔는지 말해 보게."

청년이 간신히 기어들어가는 목소리로 대답하였다.

"노스님, 값을 말씀해 주십시오."

"아주 비싼데 다 내겠느냐?"

"네, 스님, 비싼 값일지라도 꼭 치르겠습니다."

"좋다. 불전에 삼천 배를 올리고 오너라. 이건 불공이야!"

청년은 법문 값으로 쉽없이 여덟시간 동안 절을 하여 삼 천 배를 마쳤다. 그 후 노승의 생사(生死) 법문을 듣고 크게 발심하여 입산 출가하였는데 지금도 정진을 잘하고 있다는 소식이다.

또 다른 미담이 있다. 요즘 사람의 불공으로 믿어지지 않을 만큼 빼어난 밀행이다.

조석 예불을 올리는 법당의 향로 촛대 등의 불기(佛器)가 환히 빛나기에 내력을 알고보니 까닭이 있었다. 초파일 등의 축제 불사라면 모르지만 요즘같은 평일에 불기가 번쩍번쩍 빛을 내어 관심이 간 것이다.

주인공은 서울과 그 근교에 사는 보살님들로 고령자는 일흔 살이 가깝고 최연소자는 쉰 줄에 들어서고 있다.

지난 3월 보살계 수계식이 있었는데 그 무렵에는 큰 절마다 행사가 있었던 탓으로 바빠 불기를 닦느라고 보살계를 수계할 여가도 갖지 못한 보살님들이다. 보살계 수계식장 금강계단의 불기가 환하게 빛나는 것으로 만족하였다.

"금강계단의 불기들이 환하게 빛이나 기분이 무척 좋아요. 부처님도 더 환하게 미소 지으시는 듯 하구요. 그 앞에서 보살계를 받는 이 역시 기뻐할 것 같아 흐뭇합니다."

수원 사는 노보살님의 말이다.

불기를 닦는 간단한 도구를 준비하여 절로 떠나는 일이 바쁠 때에는 이틀 걸러 사흘 걸러 있다. 광약 한 통과 깨끗한 수건, 토시가 전부인데 기차표를 한 달 전에 예약해 두는 일도 수원 노보살님이 도맡아서 하고 있다.

곁에 서서 구경할 때 시간을 좀 지체해도 광약의 냄새가 독하다. 흰 수건이 시커멓게 변할 때까지 어깨에 힘을 주어 닦는 동안 이 광약의 냄새가 자극적임은 물론이다.

그러나 제일 신경 쓰이는 일은 시간에 구애받기 때문에 바빠 서둘러야 하는 데에 있다. 세 차례의 예불을 피해 짬을 내어 이 법당 저 법당 불기를 깨끗이 광을 내자니 시간에 쫓기지 않을 수가 없다. 이래서 진새벽부터 삼경 늦은 저녁까지 불기를 닦는 일손은 늘 바쁘다.

지난 날에 봉암사 공양주로 자청하여 온 노보살님이 있었다. 내가 별좌 소임을 본 관계로 노보살님에게 그 사정을 물었더니 노보살님은 이렇게 대답하였다.

"참, 이상하지요. 집 안에 불화가 있거나 내놓은 집이 안 팔릴 때마다 절에 와서 공을 들이고 가면 뜻대로 이루어졌어요. 이번에는 내놓은 아파트가 안 팔려서 공을 들이러 왔어요."

그 후 후원 식당에서 한 달 가량 자원봉사자로 일을 하고 났을 때에 놀랍게도 아파트가 잘 팔렸다고, 노보살님이 내게 들려 준 말이 떠 오른다.

나는 불기를 열심히 닦는 노보살님들에게 물었다.

"보살님, 어떻게 이 일을 시작하셨어요?"

불기를 닦는 손놀림이 잠시 늦춰진다. 한 보살님이 입을 열었다.

"7, 8년 전에 처음 시작하였지요. 그저 때 낀 불기를 깨끗이 닦는 일에만 정신을 팔았을 뿐입니다. 마음을 닦는 정성이라는 건 그 후에 알게 되었지요. 별다른 원이 없습니다."

다른 보살님이 뒤를 이었다.

"저희 원이 있다면 우리나 이웃이 태평 안락해지는 것이지요."

불공의 참 뜻을 알고 불기를 닦는 보살님들의 밝은 표정에 마음이 넉넉하기만 하다.

가장 큰 효행

일반적으로 효행이라고 하면 부모님 봉양 잘하여 편안하게 모시는 일을 머리에 떠올릴 것이나 이 일을 부처님의 가르침에 따라 말한다면 작은 효행에 지나지 않는다. 수박 한 조각 차 한 잔에도 감사해 하는데 이 몸뚱이 전체를 주신 부모님에 대한 효행은 아무리 잘 모신다고 하여도 다함이 없을 것이다.

가장 큰 효행은 과거, 현재, 미래 삼세의 부모님이 삼계(三界)의 윤회에서 벗어나서 안심입명처(安心立命處)에 들도록 발원하고 이끄는 데에 있다. 기껏 잘 봉양한들 한 생에 그칠 뿐이니 어찌 작은 효행에 머무르랴.

부자간의 인연은 아주 소중하여 천 겁 만 겁을 두고 내려오는 만나기 어려운 인연으로서 맹구우목(盲龜遇木)에 비유하기도 한다.

까마득한 세월 속에 바다 밑에서만 살아오다가 하루는 바깥 세상을 구경하고 싶은 거북이 있었다.

거북은 조심스럽게 헤엄을 쳐서 물 위로 간신히 올라가는 데 성공을 하였으나 너무 지쳐서 그만 물 밑으로 다시 가라앉을 지경에 이르렀을 순간이었다. 때마침 물결에 떠밀려 온 통나무 조각이 거북에게 잡혔다. 거북은 이 통나무 조각에 몸을 의지하여 한

숨을 돌이키고 바깥 세상을 구경하며 쉬게 되었는데 다행스럽게
도 통나무 조각에 거북의 목이 끼어들어가기 좋을 만한 구멍이
뚫려 있어서 안성맞춤이었다.

헌데 맹구우목과 같은 부자간의 인연일지라도 반드시 선근인연
(善根因緣)만은 아니다. 다음에서 드는 예와 같이 원수 인연같은
끔찍스런 일도 있다.

흔히 하는 말로, "아휴, 저 자식, 꼴도 보기 싫네. 전생에 무슨
원수였을고!" 하고 속을 크게 썩히는 자식을 둔 부모는 하소연을
하는데 다 일리가 있는 말이다.

해인사 지족암 스님의 법문을 요약해서 정리하면 다음과 같다.

6·25 무렵에 한 장군이 부하 중대장을 전시 경계 임무 책임을
물어 권총으로 현장 사살을 한 일이 있었다. 그 중대장이 애원과
원한이 서린 눈으로 장군을 바라보다가 죽어간 얼마 후, 장군의
외아들이 태어났다.

장군은 늦게 외아들을 얻어서 금이야 옥이야 하고 애지중지 키
워서 대학에 보내 첫 해를 맞이한 때였다. 여름방학 중 해수욕을
갔다가 갑자기 변을 당하여 외아들을 잃어버렸다.

장군은 말할 수 없는 비통함으로 실신 상태에 빠져 인사 불성이
었다.

49재 천도재의 법사로 지족암 스님이 모셔졌는데, 위패를 보니
외아들 대신 20년 전에 사살된 중대장이 떠억 자리잡고 있더라는
것이다. 이 모습이 장군의 눈에 역력히 비쳐보여서 장군은 고함

을 치며 탄식하였다. 외아들이 아니고 원결로서 내 집에 들어온 그 중대장 영가인 줄을 뒤늦게 안 까닭이다.

부모님이 안심입명처(安心立命處)에 들도록 발원하고 이끄는 길에는 여러 갈래가 있다. 예불을 모신 후 축원 천혼문을 봉독하고 선정(選定)에 들어서 영가를 천도하고 영가를 위해 공양을 베푸는 보시 등 법식에 따른 길이 있다. 이를 다시 설명한다면 먹고 자고 깨고 하는 하루 24시간 중 어느 한 시간도 발원과 달리 생활하지 않는다는 말이다. 먹어도 발원, 잠을 자도 발원, 깨어나도 발원이다.

"과거, 현재, 미래 삼세의 부모님이 다같이 안심입명처에 들기를 발원합니다."

경에서는 중생 가운데 부모님 아닌 이가 없다고 하였으니, 일체 중생을 부모님 봉양하듯 자비심으로 모실 일이다.

아침 식탁에서

　요즘 아침 일찍 약수터를 다녀와서 하루 일과를 시작한다. 약수터로 가는 길 주위에는 잡목숲이 마사토 언덕 위에 우거져 있다.

　오늘은 약수를 마시고 절에 되돌아 와보니 한 노보살님이 공양간에서 아침식사를 하고 있다.

　다음은 공양 후에 보살님이 묻고 내가 대답한 내용이다.

　"7년 전부터 몸이 아픕니다. 한약방에서는 통풍이라고 하고 양의사들은 류머티즘이라고 합니다. 약을 계속 복용하고 있으나 여전히 아픕니다. 어떻게 좋은 치료방법이 없을까요?"

　"병을 약으로만 나으려고 해서는 어렵고 마음가짐이 중요하다고 하여 옛 말씀에, 정신일도금석가투(精神一到金石可透)라고 하였습니다. 정신이 통일되면 쇠붙이나 돌까지도 꿰뚫는다는 뜻입니다.

　돈이 한 푼도 들지 않고 병을 낫게 하는 방법이 있습니다.

　그러나 흔히 만병통치약이라고 하지만 간혹 체질에 따라 약이 아니고 병이 될 수 있다는 점도 고려하십시오. 이 약은 황룡차(黃龍茶), 혹은 황룡탕(黃龍湯)이라고 하고 윤회주(輪廻酒), 혹은 부란액(腐爛液)이라고 합니다. 쉽게 말하면 자신의 오줌입니다.

　잠자리에서 일어난 아침 첫 황룡차부터 마시기 시작합니다. 첫

부분과 마지막 부분은 버리고 중간 부분을 유리컵에 받아 200cc
쯤 마십니다.

마시기 전날 저녁식사는 물밥으로 아주 싱겁게 먹어두면 황룡
차를 마시기가 훨씬 수월할 것입니다. 왜냐하면 어느 시음자에게
는 황룡차가 짜고 암모니아 냄새로 역겨울 수 있으니까요.

왜 병이 황룡차를 마셨을 때에 달아나는가? 과학적인 자료는
일본에서 나온 『기적을 일으키는 요료법』이라는 책 속에 다 들어
있습니다.

황룡차를 마심으로 해서 정신이 크게 달라집니다. 더럽고 미운
감정이 마음 속에서 차츰 떠나 신심이 건강해집니다. 분별심으로
미추선악(美醜善惡)을 가리는 데서 만병이 일어나기 때문입니다.

우스개 이야기로 황룡차를 마셔서 병이 달아나는 이유는 간단
합니다. 몸 속의 병균들이 말하기를 '더러운 것들이 들어와서 더
이상 더러운 것과 자리를 같이 하지 못하겠다' 하고 몸 밖으로 다
달아나 버립니다.

하여간 신통하리만큼 효험이 있습니다.

또 건강한 사람에게는 황룡차가 몸 속에 생기를 듬뿍 불어넣어
주고 있다고 생각합니다.

나는 산철 해제 기간에 걸망 안에 250cc짜리 주방용 유리컵 하
나를 담고 다닙니다. 평소 절에서 지낼 때에는 하루 세 차례 이상
마시지만 나돌아 다닐 때에는 그렇지 못합니다. 아침 저녁 두 차
례쯤 마십니다.

어떤 때에는 한 방울도 아깝습니다. 향기가 나고 맛이 좋습니

다. 기분이 좋을 때에 특히 황룡차 맛도 좋습니다. 기분이 찡찡해져서 좋지 않을 때에는 역시 좋지 않습니다.

황룡차는 바로 자기 마음의 표현입니다.

보약은 젊어서 마셔 두어야 하고, 특히 건강할 때 마셔 두어야 합니다. 늙고 병들어서는 효과가 적을 수 밖에 없습니다.

한 가지 주의할 일이 있습니다. 첫 시음자는 설사를 하거나 배가 아픈 경우가 있습니다. 이럴 경우에는 황룡차의 양을 반쯤 줄이면 될 것입니다. 초기에는 위장이 황룡차의 자극을 강하게 받아서 설사와 복통 등의 현상을 종종 일으킵니다. 황룡차를 마신 효과는 대개 15~30일 안에 몸의 약한 부위에 그 증상이 나타난다고 합니다.

옛날부터 황룡차를 즐겨 마셔 왔습니다. 특히 서너 살에서 대여섯 살 먹은 아이의 황룡차는 보약이라고 하여 받아서 마셨습니다. 부처님 재세시에도 황룡차를 마셨다는 기록이 율장에 남아 있습니다. 비구니들에게 자신의 황룡차 마시기를 권하신 부처님의 말씀입니다.

황룡차를 마시기로 유명한 송시열 대감의 일화가 있습니다.

이조 중엽 선조 때의 일입니다. 송사열과 허미수는 각별한 친구 사이였지만 사색당파의 정적이었습니다.

송시열이 병을 얻어 눕게 되었을 때였습니다. 허미수에게 약처방을 부탁하도록 아들에게 심부름을 시켰습니다.

아들이 허미수에게 약을 건네 받아 오는 길이었습니다. 약봉지를 펼쳐보고 깜짝 놀랐습니다. 비상이 한 낭쯤 섞여 있기 때문입니다.

아들은 생각을 해보다가, '이건 살인에 가까운 약처방이다. 비상은 극약으로 위험하다. 반쯤 비상을 줄여야지.' 하고는 반 냥쯤 덜어서 버렸습니다.

송시열은 허미수의 약을 달여서 마셨으나 별효험을 보지 못하였습니다. 송시열이 아들을 불러서 물었습니다.

'약을 어떻게 달였느냐?'

아들이 사실대로 말하였습니다.

'비상이 많아서 반쯤 덜고 달였습니다.'

'허, 이런 녀석 보게. 그 허미수가 비록 정치에서는 뜻을 달리하고 있다고는 하나 친구까지 독살할 그런 소인배 인물이 아니야!'

송시열은 아들을 꾸짖고 나서 다시 허미수에게 약을 처방하도록 하였습니다. 허미수는 처음 약이 잘 듣지 않음을 이상하게 여기고 이번에는 비상의 양을 곱절 넣어서 처방하였습니다.

송시열은 두 번째의 약을 마시고 나서 위장의 벽이 상해버렸습니다. 비상의 약이 정도를 넘은 까닭입니다.

황룡차를 오랫동안 마셔서 특수체질로 바뀐 송시열에게는 약처방도 특별할 수밖에 없는 것입니다.

황룡차를 오랫동안 마신 결과로 간혹 적(積)테(오줌통에 남아있는 백테 성분이 몸에 쌓이는 일) 체질은 송시열의 경우와 같은 현상이 일어난다고 합니다.

송시열은 말년에 직언을 아끼지 않고 충실하게 나라 일을 돌보았으나 정적의 모함으로 임금의 사약을 받게 되었습니다.

첫번째 사약을 마신 송시열은 끄덕없이 살아남았습니다. 황룡차를 오랫동안 마시게 되면 사약도 별 영험을 보지 못하는 모양입니다.

두 번째 사약 역시 송시열을 저승으로 데려가지 못하였습니다. 충신 송사열은 임금의 성은에 보답하기 위해 사약을 마신 즉시 기를 쓰고 죽음을 기다렸으나 번번히 살아 남아서 송구스러워하였습니다.

세 번째 사약을 마실 때에는 기(氣)의 흐름을 스스로 막아서 사약을 마신 즉시 운명하였습니다. 황룡차를 오랫동안 마시는 이들은 죽기도 어려운 모양입니다."

이런 이야기 등을 나누면서 식당에서 나왔다. 노보살님의 얼굴이 환하게 퍼졌다.

나는 아침을 적게 먹어도 허기가 지지 않는다.

"한 스님은 이런 말을 해요. 세 끼를 다 먹어도 허기가 졌는데 황룡차를 마신 이후부터는 두끼만 먹고 오후불식(午後不食)을 하는데 배가 든든하다고 합니다."

황룡차를 널리 보급하는 한 스님의 말이다. 수행자나 맑은 정신으로 늘 깨어있는 이에게 황룡차가 좋은 약으로 값지다고 하여 신도들이 절에 와서,

"스님, 황룡차를 많이 받아 주시오."

하는 일화가 일본에서 있었다고 한다.

아직 우리나라 절에서는 그런 일이 있다는 말을 못 들었으나 용

화사, 해인사 등지의 노스님들도 앞장서서 황룡차 보급에 힘쓰는 이가 늘어가고 있으니 그럴 날도 얼마 남지 않은 것 같다.

『생명의 신비』(바산트레드 지음. 이호준 옮김. 1989. 진영사)에서는 다음과 같은 황룡차 이야기가 나온다.

"소변과 대변은 반드시 쓸데없는 배설물이 아니다."
"소변을 통한 배설물은 물과 소금기와 질소 노폐물이다. 소변은 큰 창자에서 만들어진다. 소변은 체액 내의 전해질 농도를 정상적으로 유지시키는 데에 도움을 준다."

아유르베다에서도 황룡차를 다음과 같이 표현한다.
아유르베다는 5천 년 이상 인도 사람의 생활 속에서 활용되어 온 최고의 고전이며 황룡차에 대한 최초의 기록서다.

"소변은 체내에 있는 독소를 해독시키고, 창자의 양분 흡수 작용을 돕고, 대변이 잘 배설되도록 해주는 자연적인 완화제 역할을 한다. 따라서, 소변의 중간 부분을 받아 매일 아침 한 컵씩 마시면서 큰 창자를 정화시키고 해독시키는데 도움이 될 것이다."

3장

감 잎에 쓴 글씨

한 학인이 떠난 날

　목련꽃이 지고 진달래, 철쭉꽃, 복사꽃이 피던 지난 봄날에 학인 한 사람이 떠나갔다.

　그 학인은 스물한 살 된 강원 치문반 사미승이다. 그는 스님들이 모두 좋아하여 귀여움을 독차지하였다.

　얼굴과 말씨, 행동이 한결같이 부드러우며 수행자다운 기품을 풍겼다. 운동도 잘한다.

　작년 겨울에 선원과 강원 축구시합이 있던 날 이 학인의 축구실력이 두드러지게 드러났다. 연장전에서 3:3으로 비겼으나 내용면으로 볼 때 강원팀이 강세였음을 선원팀도 인정하였다.

　말하자면 문무를 겸비한 재주꾼이 바로 이 학인이다.

　'무엇이 부족하여 출가하였는가?' 하고 마을사람들이 궁금해한다. 마치 출가는 6·25 동란 직후 먹을 게 없어 떠돌아 다니는 부랑자이거나 일찍이 부모를 잃고 외톨박이 신세가 된 고아나 할 일이라는 듯이… .

　'얼굴이 저렇게 잘나고 못할 게 없이 다 잘하는 재주군이 출가하다니!'

　괜히 남의 일에 신경을 쓰고 안타까워하는 호사가들은 혹시 그래도 뭔가 이유가 있겠지 하고 기대를 건다.

　학인은 이제 송광사를 떠나갔다.

군복무를 위하여 떠나간 것이다.

학인이 아침 공양 전에 큰방에서 가사 장삼을 수하고 큰 절을 올렸을 때에 내가 옆자리 열중(悅衆)스님에게, "아니, 웬 절이지요?" 하고 물으니, 그 옆자리의 유나(維那)스님이, "아마 외출하였다가 돌아왔다는 인사인가 보지." 하신다.

조금 뒤에 교무스님의 설명이 있었다.

"이 스님은 앞으로 10일 후에 입대합니다. 볼 일들이 있는 관계로 오늘 산문을 떠나게 되어 대중스님께 인사 올린 것입니다."

그러고 보니 그 전날 오후에 치문반 학인 대중 열세 명이 관음전에 가서 기도를 한 걸 본적이 있다. 학인의 도반들이 도반의 우의로 그의 새로운 출발을 축하하고 훗날 무사히 귀사(歸寺)하여 다시 함께 수도 정진하기를 기도한 모양이다.

문득 해인사에서 보낸 나의 치문반 시절이 떠올랐다. 열다섯 해 전의 일이나 아직도 기억이 생생하다. 고락을 나누던 도반이 산문을 떠나는 날 왠지 모르게 침울한 분위기에 싸여 쓸쓸해 하던 이야기다.

그 도반이 지금은 송광사에서 함께 지낸다.

학인은 아침공양 후에 다시 하직인사를 하러 선원 자대방에 올라왔다. 선원 스님들이 좋아하여 한 번 올라오라고 누가 이야기를 낸 탓이다.

큰 절을 한 뒤에 학인이 앉았다. 먼저 군에 다녀온 경험이 있는 한 스님이 입을 열었다.

"나는 수계한 뒤 3일만에 군 입대를 하였소. 하이고, 막 눈물이 나올려고 해. 겨우 가사 장삼을 수하는가 싶더니만 벗어 버리려고 하니 어떻게 섭섭하던지 ……. 그래서 가사 장삼을 벗어놓고 그 앞에 절을 올리고 군에 갔소. 하하하.”

주위 스님들이 따라서 크게 웃었다. 학인도 조용하게 소리없이 웃었다. 그의 이야기는 계속되었다.

“야, 목탁 이리 나와.”

군대에서 주위 친구들이 스님을 부를 때에는 ‘목탁’ ‘목탁’ 한단다.

내무반 생활 중에 괴롭혀서 정말 죽을 지경이 될 때도 있다. 괜히 스님에게 심술이 나서 특히 종교가 다른 고참은 못살게 괴롭힌단다.

“한 번은 자살까지 생각나더구먼.”

그는 그때 심정을 이렇게 토론하였다.

사격 실력이 아주 뒤떨어져서 더욱 고된 때도 있었다. 총 쏘는 데에 의욕이 전혀 없어서 결과는 뻔한 일이다.

그는 상관의 배려로 취사반에서 보낼 때가 즐거웠다.

“군종병이 있어요. 신부, 목사, 스님을 뽑을 때에 나가면 군종병을 시켜주거든. 특과로 여겨져서 일반 사병과 틈이 벌어지는 게 싫어서 그냥 나는 일반 사병으로 지냈어요.”

그는 군종병의 좋지 않은 점이 많다고 한다.

공부할 시간이 나고 법회시간을 주관해 나가는 장점이 있으나 단점도 크다. 왜냐하면 고참 상병의 빨래를 해주어야 하는 일 등이 예사로 있고 굴욕적으로 느껴지는 사사로운 일의 폐단이 따르기 때문이다.

"아예 군대 갔으니 그냥 일반 사병으로 지내요. 죽고 싶을 만큼 '목탁' 욕을 먹지만 그게 큰 힘이 돼요. 정말 지금도 그때 고생한 보람을 느껴요."

그는 여기서 말을 맺었다.

그의 의견은 내가 알고 있는 군종과는 크게 다르다. 군종병을 권할까 하였는데 그게 아니다. 어느 시대 어느 사회에서나 부조리가 있기 마련이다. 정도의 문제가 있을 뿐이라는 생각이 든다. 군종병은 성직자가 제 기능을 살려서 군부대 내의 종교 활동을 돕는 데에 근본 목적이 있으니 만큼 군이 피할 일이 아니라는 생각을 해 본다.

그 자리에서 이런 이야기도 오고 갔다.

"군 입대하는 스님은 계(戒)를 받치고 가는 게 좋지 않을까요? 환계(還戒) 절차에 따라 계를 받치고 가서 다시 제대한 후 수계(受戒)하는 편이 바람직할 텐데요."

사실 환계법(還戒法)이 있는 줄 아는 이가 드물다.

10여 년 전 구산스님이 계셨을 때에, 덴마크 처사 혜광은 석 달 동안 삭발염의(削髮染衣)한 출가승 모습으로 큰방생활을 한 후 환계하고 처사로 되돌아 간 일이 있다. 그의 부인 보월화 보살은 그 기간 동안 후원에서 채공 일을 보았다.

남방 불교권에서 지금도 활발히 행해지고 있는 환계법 제도를 북방 불교권에서는 도외시하는 경향이 있다.

한 번 수계한 이는 종신토록 계를 지닐 뿐 달리 방도가 없다. 다

만 환속할 경우 스승에게 가사 장삼을 바치고 나가는 절차만 남
아있다. 수계 절차가 있는 만큼 환계절차가 있어야 파계(破戒)라
는 이름이 없다. 북방 불교권에서는 이 점이 과제로 남는다.
　나는 학인에게,

　가난하기는 꽂을 송곳초차 없으나
　기상만은 수미산을 누른다.

　　貧無卓錐　氣壓須彌

하는 말을 들려주었다. 새로 나온 『붓다와 다르마』란 책도 주고
격려도 하였으나 나 역시 내 일같이 마음이 안 놓인다.
　양같이 순한 학인을 우악스러우며 억세게 다룰 고참 상병들이
없지 않을까 염려스럽다. 특히 음식이 입에 안 맞아서 군대에서
고생한 스님들이 많다. 육식은 물론 라면도 못 먹는 스님이 어떻
게 3년을 견디어 낼까.
　"지독하게 고생해 봐야 정신이 바짝바짝 나서 사람 구실이 제
대로 됩니다."
　열중 스님의 말씀이다. 좀 어리숙한 스님들이 군대생활을 마치
고 나서 아주 빠릿빠릿해진 예가 많다. 육도윤회(六道輪廻)를 첫
어린 순이 싹터 나올 때부터 해야 한다니 좀 무리가 아닐까.
　군종장교로 가는 자격은 동국대학교 등 4년제 불교대학 과정을
마친 스님들에게만 해당하는 사항이다.

일반 대학이나 다른 승가대학을 마친 스님들은 다시 세속에 깊숙이 들어가 수계한 바와는 전혀 다른 병영생활 속에 젖어들어가야 한다. 이 점을 감안하여 10여 년 전 송광사 금강계단에서는 제대한 스님들에게 다시 계를 받게 한 예가 있다. 이 제도를 바람직스럽게 여긴 스님들이 많았다.

이런저런 이야기가 끝날 무렵 학인이 나소 굳은 표정으로 다시 대중스님에게 절을 올리고 지대방을 나갔다.

보내는 스님들도 하나같이 섭섭한 표정들이다.

국사전 앞 전망 좋은 석대 앞에 서서 신록이 시작되고 있는 조계봉과 머리 안개자락에 산밑 부분이 가려진 모후산을 건너다 보며 곰곰히 한 생각을 하였다.

'만났다가 헤어짐은 정한 이치〔會者定離〕'라는 생각이 머리에 떠오르자 마음이 다소 안정되었다.

신록들도 지난 겨울에는 눈 속에서 깡마른 나뭇가지로 오돌오돌 떨고 있었고 모후산 역시 흰 눈을 머리에 이고 있었던 모습은 익히 보아온 터이다.

〈후기〉

추석무렵 이 학인이 건강한 군인으로 이병 계급장을 달고 인사차 송광사에 들렀다. 일반 사병에서 다시 군종병으로 옮겨가는 도중, 모범 사병의 포상휴가로 참배왔다가 떠나갔다.

가을 단풍을 바라보며

송광사 일주문 앞 단풍이 곱다. 붉게 타오르는 단풍나무가 일품이다. 맑고 깨끗한 빛깔이 삼청루각(三淸樓閣) 물 위에 비친다. 물 맑고 바람 맑고 우리 마음도 맑아서 삼청이라고 했던가.

그러나 절에 찾아온 이들 중에는 집안에 병고가 쌓여 근심 걱정이 태산같은 이가 적지 않다.

나는 요즘 두 상담자를 만나서 들은 내용을 정리해 본 결과 다음과 같은 사실을 발견하였다.

첫째, 병고자는 남편이 먼저 타계하여 홀몸으로 지내고 있는 환갑이 가까운 노보살님들이다. 한 보살은 고독과 피해망상으로 고생하고 있고 다른 보살은 악성 뇌종양으로 쓰러져 의식을 온전히 되찾지 못하고 있다.

둘째, 기도를 요청하러 온 상담자는 모두 장녀인 점이 공통이다. 다들 남자 형제가 있어도 자신들이 앞장서 나서고 있다. 특히 병고자가 약간 불심이 있을 뿐 가족이나 상담자 자신도 불심이 없거나 타종교인이다. 어머니의 병고로 인해 효심을 내어 최후로 부처님께 매달려 정성을 바치고자 하는 이들이다.

셋째, 나와는 초면이거나 그냥 스치고 지나간 인연이 있을 뿐 잘 알지 못하는 이들이다. 그들은 의지처를 찾아 나서서 마지막 희망을 걸고, "좋은 가르침을 부탁드립니다." 한다.

어렵고 힘든 상담이다. 세상은 험악한 일이 있어서 마음 약한 이들을 유혹하며 만병통치의 약을 내밀어서 가정을 탕진케 한다.

호랑이가 물어가더라도 제정신을 바짝 차리라고 했다.

무턱대고 효심만을 앞세워 물 불 가리지 않는다면 큰일이다. 일을 당하였을 때 성한 사람들이 더 정신을 바짝 차려야 한다.

여기저기 들쑥날쑥 설칠 필요는 없는 일이다.

내가 아는 한(韓)선생은 명의이나 세상에 드러내서 활동하기를 꺼려 한다. 옛 이야기나 전설 속의 기인처럼 느껴진다. 죽어가는 사람을 보고도 눈 하나 깜짝 않고, "이 사람은 희망이 없어." 하는 말도 서슴지 않고 하는 경우를 보았다.

유족들에게 위로의 말로 거짓 희망을 갖게 하는 법이 전혀 없다. 과단성이 있는 한 선생의 처사가 지나치게 느껴질 때도 있다.

그가 한 번은 이런 말을 하였다.

"돈이 많은 이들이 아팠을 때에 제 명대로 살지 못하는 경우가 많습니다. 왜냐하면, 좋은 약이라고 하여 이 약 저 약 다 써보고, 좋은 침이라고 하여 이 침 저 침 다 맞아보고, 좋은 뜸이라고 하여 이 뜸 저 뜸 다 떠보다가, 결국에는 정신없이 당하다가 가고 맙니다. 건강을 잃은 환자는 안정이 첫째인데도 명의라는 명의를 다 동원하다 보니 이 모양이지요. 좋은 약도 지나치면 극약이 되듯이 매사가 그렇습니다. 꾸준히 병상일지를 기록해서 환자를 살펴보고 오래 전부터 살펴온 측근 의사나 약사에게 처방과 진료를 맡겨야 상식인데도 그렇지를 못합니다.

돈이 많아서 환자를 더욱 괴롭히는 경우가 허다합니다."

내가 알기에 한 노스님의 경우도 이와 흡사하다. 신도들이 다투어서 좋다는 약은 다 사와서 바쳤다. 명의는 다 모였다. 허나 이게 더 큰 병이 되어 더 오래 유지될 목숨이 단축되어 버렸다. 무분별한 정성이 불행을 초래한 셈이다.

현재 두 병고자는 병원 혹은 자가치료 중에 있다. 정신이 들 때에는 기도를 하면서 안정을 취하고, 세상 모든 병고자가 다같이 쾌유되기를 바라면서 적은 선행이나마 조금씩 쌓아가는 생활을 하려고 노력한다.

기도에는 큰 것과 작은 것, 두 종류가 있다. 작은 기도는 오직 자신만을 생각하여 부귀영화를 빌지만 큰 기도는 개인적이고 구체적인 소원에서 출발하여 나중에는 보편적인 문제에 눈을 돌려 이웃의 아픔을 바로 제 아픔으로 느끼고자 한다. 기도와 힘은 이렇게 큰 원이 있을 때에 가피력이 따른다.

흔히 입시철에는 어머니가, "우리 아들이 시험에 합격하도록 도와 주십시오." 한다. 다른 학생들이야 떨어지든 말든 제 아들만 합격하면 된다는 뜻인가.

"젊은 나이에 시험으로 고생하는 아이들이 어서 해방되어야겠습니다. 모두 제 실력대로 원하는 바에 따라 진학하도록 도와 주십시오. 번뇌 속에서 헤메이는 이들이 부처님의 가르침에 따라 청정하게 생활하도록 이끌어 주십시오."

이렇게 간절히 발원하는 이에게는 힘이 있다. 한 사람의 청정한 발원은 기폭제가 되어 주위로 넓게 퍼져나가 인연있는 이마다 세상의 눈을 뜨게 하는 힘이 있다.

나 혼자 잘 되고 내 가족 내 친척만을 생각하는 좁은 테두리의 욕심스러운 원(願)보다 얼마나 마음씀이 큰 지 모른다.

한 병고자의 기도에서 출발하여 삶의 의미와 이웃과의 인연을 소중하게 여기는 데 눈을 뜬다면 적지않은 마음공부가 될 것이다.

나는 본의 아니게 공명진언(光明眞言)을 염(念)하면서 이웃들에게 권하고 있다. 관세음보살 기도나 지장보살 기도 역시 광명진언 주력(呪力)과 마찬가지로 버리지 않는다. 나무 아미타불, 석가모니불 등도 기도 중의 기도라고 생각한다. 한 법도 취할 게 없듯이 한 법도 버릴 게 없다는 말씀 그대로다.

생활이 불안정한 이는 마음이 어두워서 자신도 모르게 행동이 흐트러진다. 이런 때에 광명진언으로 치료가 된 이들이 우리 주위에 더러 있다.

한 꼬마가 오락실에 마음을 빼앗겨서 공부를 전혀 못하였는데 광명진언으로 완전히 회복된 실례가 있다.

처음에는 돈을 주어가면서 노트에 광명진언을 매일 세 차례씩 쓰게 하였고 조금 후에는 외우도록 하여 돈을 주곤 하였는데 이 꼬마가 나중에는 아주 착실한 모범생이 되었다는 이야기다.

얼굴색이 맑아지고 마음이 안정이 된 뒤에 어느 달력 모델이 된 적이 있는 꼬마는 지금도 우리 주위에서 착실한 효자노릇을 한다.

한 노처녀의 경우도 있다. 한 때 많은 돈을 떼어서 실의에 빠져 극심한 병고에 시달리다가 한 스님의 권유로 광명진언을 열심히 하여 어려움을 타개해 나갔다는 이야기다.

　사람의 일이란 모르는 법인데 하여간 깊은 슬럼프에서 헤어 나오기까지 광명진언은 이름 그대로 빛의 역할을 다한 셈이다.

광명진언(光明眞言)
옴 아모가 바이로차나 마하무드라 마니파드마 즈바라 프라바릇 타야 훔

　한 언어학자는 진언을 반복할수록 마음이 운율을 타서 부드럽고 아름다워진다고 한다. 진언의 뜻을 알든지 모르든지 간에 상관말고 입에 잘 올릴 일이다.

　하여간 외국어를 잘하기 위해서는 처음에 외우는 노력이 필요하다. 뜻이 잘 통하지 않더라도 외우고 볼 일이다.

　진언은 범어(梵語)로서 그 안에 깊은 뜻이 담겨져 있다.

　불보살(佛菩薩)님의 금구성언(金口聖言)으로 믿고 큰 원을 세워서 염하는 동안 가피가 따르리라 본다. 자기 기도보다 이웃 기도가 더 큰 힘을 발휘한다는 사실은 무엇을 말하는 것일까.

　'나'라고 하는 개체적인 소우주가 보편적인 대우주와 혈맥이 통하여 함께 호흡함을 뜻한다. 개체는 주위의 개체와 연결고리로 이어져서 큰 하나로 묶여지기 때문이다.

　또한 '나'라고 하는 소우주가 깨어졌을 때에 세포분열이 무수하게 일어나서 크게 기폭하는 이치와 같은 것이다.

　옛날 조계 제 6대 원감(圓鑑)국사의 시에,

골짜기에 가득한 단풍 나무에는 가을빛이 역연하구나
붉은 단풍 잎은 뜰 아래 쓸쓸히 떨어진다.

滿河楓殷秋色多
蕭蕭赤葉下庭柯

라고 읊었는데 오늘 조계산 단풍이 옛과 다름없이 일주문 앞에
가득하다.
　방문을 열고 붉게 타오르는 이 가을의 늦은 단풍을 바라보며 모
든 병고자의 쾌유를 비는 마음 간절하다.

고향수

어디메나 계시나요 언제나 오시나요
말세창생을 뉘있어 건지리까
기다려 애타는 가슴 님도 하마 아시리.

살아서 푸른 잎도 떨어지는 가을인데
마른 나뭇가지 앞에 산 잎 찾는 이 마음
아신듯 모르시오니 못내 야속합니다.

노산 이은상 님의 고향수(枯香樹) 전문이다. 고향수는 송광사 일주문 주위에 서 있는데 보조 국사의 중창불사 때의 기념식수. 송광사를 소개할 때에 세 가지 명물로 쌍향수, 능견난사(能見難思) 그릇 및 비사리 구시통을 이야기하고 있고, 국보로서는 보조 국사의 호신불인 향나무 삼존불감(三尊佛龕), 고려의 고종 임금의 글씨 및 국사전(國師殿)을 꼽고 있다.

고향수는 이상의 세 가지 명물이나 국보에도 속하지 않고 바짝 마른 향나무에 불과하다.

스쳐 지나갈 때에 눈에 비치는 고향수는 변변치 않다. 그러나 내막을 알고 보면 고향수가 어느 명물이나 국보에 못지 않다.

수년 전 식목일 무렵의 일이다. 그 해를 유엔에서 '청소년의

해' 라고 정하였다고 하여 국내에서도 여러 가지 행사가 있었던 때였다.

경기도 이천 소재 유네스코 청년원에서는 '청소년과 나무' 란 제목으로 네 명의 연사가 주제발표를 하였다. 이 행사 뒤에는 대통령의 기념식수 장면이 뉴스의 프로에 들어 있었다.

강연에 들어가기 전에 추첨으로 강연 차례를 정하였다.

이 결과로 나는 맨나중 차례로 뽑혔다.

나의 차례가 왔다. 연단에 올라 서서 청중을 한 차례 둘러 보고는 칠판에 가득 큰 글씨로 '고향수' 라고 천천히 썼다.

나의 강연요지를 대강 생각나는대로 옮겨본다.

이 좋은 봄날, 야외에 나가 나무가 푸릇푸릇 세 잎사귀를 움티우고 있는 모습을 살펴보는 게 더 낫다는 생각이 듭니다. 어떻습니까? 제가 머물고 있는 전남 승주군 조계산 송광사에 함께 나들이를 나서고 싶지 않습니까? (웃음) 이제, 여러분을 송광사 입구인 일주문 앞으로 안내할까 합니다.

여기 일주문 주위에는 송광사 내팔경(內八景) 가운데서 다섯 군데 좋은 경치가 몰려있는 곳으로 아름답습니다. 조그만 폭포와 누각, 전각 등이 어울어져 선경(仙景)을 연상케 하지요.

이 가운데 가장 볼품없는 마른 향나무 하나가 꽂혀 있습니다. 이 향나무 이름이 고향수입니다.

(이은상 님의 고향수 시조 낭송)

지금부터 약 780여 년 전 고려 후대의 일입니다.

1200년에 보조스님은 송광사를 크게 중창하시고 불교중흥의 정혜결사(定慧結社) 근본도량으로 삼으셨습니다. 이때에 고향수가 기념식수로 사용되었지요.

1205년에 보조스님은 송광사 청규(清規)인 계초심학인문(誡初心學人文)에서 출가 수행자가 나아가야 할 길을 간절하게 밝히셨습니다. 승가 규범이 우리나라 실정에 알맞게 한 묶음으로 엮어진 셈이지요.

계초심학인문은 조선 초기에 와서 전국 사찰에 널리 퍼져서 지금까지 암송되어 오고 있습니다. 원효스님의 발심수행장(發心修行章), 야운스님의 자경문(自警文)과 함께 초발심자경문(初發心自警文)으로 엮어져서 입산 출가자의 기본교과서 한 권이 되었기 때문이지요.

1210년 음력 3월 27일 송광사에서 보조스님은 극적으로 생사가 둘이 아닌 도리로 몸소 보이시면서 세수 53세, 법랍 46세로 입적하셨습니다.

입적하시기 전의 일입니다. 목욕재계하고 법복을 갖춘 다음 아렇게 시자에게 말씀하셨습니다.

"이 눈은 조상의 눈이 아니고 이 코는 조상의 코가 아니다. 이 입은 어머니가 낳아 준 입이 아니고 이 혀는 어머니가 낳아준 혀가 아니다."

그런 후에 보조스님은 범종을 쳐서 대중을 선법당에 모이게 한 다음 병약한 체구를 간신히 가누면서 법상에 올라 앉아,

"참선의 영험은 가히 사량분별치 못한다. 그러나 오늘은 이 자

리에서 대중을 위해 설파하려 하니 조금도 주저치 말고 묻고 싶은 말이 있거든 즉시 물어라.”

하고 말머리를 떼어 놓으셨습니다.

“산승(山僧)의 목숨이 모두 대중의 수중에 달려 있다. 바로 끌고 가든지 거꾸로 끌고 가든지 마음대로 해라. 자, 살과 뼈가 있는 이라면 나서거라.”

대중은 진지하게 묻고 보조스님은 자상하게 대답하시기를 계속하였습니다. 마지막 법상에서 법담이 오고 가다가 최후에 한 스님이 앞에 나아가 예를 올리고 여쭈었습니다.

“지금 스님께서는 옛날 유마거사의 경우와 같습니까, 다릅니까?”

옛날 바이살리의 대 도인 유마거사는 몸이 아파서 누워있다가 문병 온 이가 왜 아파 있는지 그 까닭을 묻자, ‘중생이 아픈 까닭에 나 역시 아플 수밖에 없다’ 라는 대답을 남긴 고사를 들먹인 것이지요.

보조스님은 이렇게 대답하셨습니다.

“너는 여태까지 같고 다른 것만 배워왔느냐?”

이때 주장자를 들어 두어 번 쿵쿵 내려치면서, “천만 가지가 다 이 속에 들어있다.” 하고는 법상에서 앉은 채 그대로 입적하셨습니다.

조계산 제1조 보조국사의 다비식 후에 제2조 진각(眞覺) 국사가 뒤를 이어 선대의 목우가풍(牧牛家風)을 크게 떨쳤습니다.

<h1 style="text-align:center">曹溪山 松廣寺 16國師</h1>

第 1 祖 普照 國師	第 2 祖 眞覺 國師
第 3 祖 淸眞 國師	第 4 祖 眞明 國師
第 5 祖 慈眞 國師	第 6 祖 圓鑑 國師
第 7 祖 慈靜 國師	第 8 祖 慈覺 國師
第 9 祖 湛堂 國師	第 10祖 慧鑑 國師
第 11祖 慈圓 國師	第 12祖 慧覺 國師
第 13祖 覺眞 國師	第 14祖 淨慧 國師
第 15祖 弘眞 國師	第 16祖 高峰 和尙

이와같이 16국사가 이어져 내려와 송광사는 승보종찰(僧寶宗刹)의 면모를 여실하게 갖추었습니다.

보조스님의 입적 이후 그의 뒤를 따라 죽는 이는 아무도 없었습니다. 생전에 보조스님을 흠모하여 따르던 사부대중은 수 천 명에 이르렀으나 죽음을 같이 한 이는 한 사람도 없었던 것이지요.

오직 고향수만이 보조스님의 뒤를 따랐으니 이보다 장한 일이 더 있습니까?

남방 불교권에서는 지금도 이와 비슷한 일이 있습니다.

한 나무 아래서 바파사나〔觀法〕를 하던 고승이 입적하자, 그 나무도 말라 죽었다는 이야기가 화제가 되었습니다. 또 진돗개는 순종일수록 제 주인이 바뀌었을 때에 단식하여 죽음으로써 제 의사표시를 한다고 합니다. 동·식물도 정성이 지극하였을 때에는 이와 같이 사람의 뜨거운 피와 통하는가 봅니다.

고향수의 나무의 진은 사람의 피와 같을 수 없는 이치이지만, 보조스님과 하나로 통한 거지요.

내일 식목일을 앞두고 고향수의 죽음을 생각하면서 이런 역설적인 말을 남기고 싶습니다.

"우리가 심는 나무는 모조리 죽어야 한다."

살생을 하지 말라는 부처님의 말씀이 제1계이긴 하지만 저는 이렇게 생각합니다.

"식목한 이가 죽은 날, 그가 생전에 심은 나무는 모조리 죽어야 한다."

청소년 활동 지도자가 죽었을 때에도 그가 생전에 깊은 애정과 이해로 지도하였던 청소년들이 함께 죽겠다고 눈물을 그치지 않아야 합니다. 속속 단체의 대표자나 나아가서 국가의 지도자가 죽는 날 역시 구성원과 국민들은 죽음을 함께 하려고 발버둥쳐야 잘한 일입니다.

나무의 진과 사람의 피가 통하였으니 사람과 사람의 뜨거운 피는 더 잘 통할 것입니다. 이로써 본다면 뜨거운 가슴의 피가 서로 통하여 청소년과 함께 생사를 같이 하려는 정신이 바로 청소년 활동 지도자의 살아있는 정신이 될 것입니다.

감사합니다.

제멋대로 벌이는 불사

　요전에 학인스님들과 함께 말사 몇 군데를 둘러볼 기회가 있었다. 새로 불사를 하는 방(榜)에는 옛날처럼 증명법사나 노스님네가 모셔지는 법도 없을 뿐더러 대중의 고증과 조언에 충분히 귀 기울여야 함에도 불구하고 주관하는 이와 업자 간의 합의로 얼렁뚱땅 이루어지는 게 요즘 불사의 모습이 아닌가 하고 여겨질 때가 한두 번이 아니다.

　대웅전에는 보통 본존불을 중앙에 모시고 좌우보처로 문수 보현 혹은 과거불 미래불 등을 모시는 외에 별당이 없는 경우에 한하여 중단 신중단과 하단 영단을 양 켠에 모신다.

　불보살님은 상단, 신중단은 중단, 영단은 하단으로서 상·중·하단의 탁자 높이가 모두 같은 경우를 목격한다.

　상·중·하의 위계질서를 무시해도 분수가 있지, 해도 참 너무한다는 생각이 든다. 부처님을 모시는 탁자에도 이렇게 법다이 하지 않는 불사는 그리 오래가지 못한다. 불단의 탁자 높이는 제일 높게 하고 중단, 하단은 차례로 조금씩 낮추어서 존위가 편하도록 해야 할 기본법도를 제대로 지키는 곳이 얼마나 될까 싶다.

　비(碑)와 사리탑이 세월이 갈수록 점차 커지고 있다. 한 산중, 특히 똑같은 장소에서 스승과 제자의 비와 사리탑이 나란히 모셔지는 경우에도 제자의 것이 늦게 모셔지는 탓인지 스승의 범위를 훨씬 능가하는 일이 종종 있어 보는 이의 눈살을 찌푸리게 한다.
아무리 눈을 감은 사람이라지만 스승과 제자의 위계질서를 무너
뜨려도 괜찮다는 말인지 …….

　나는 처음에 비와 사리탑의 크기로만 짐작해서 스승의 몫이 이
쪽이겠지 지레 짐작을 하고 큰 쪽에 먼저 절을 올렸는데 그게 아
니었다. 이런 해괴한 일이 어디 있을까.

　이유야 어찌되었건 간에 나란히 사리탑을 모시면서 스승의 몫
보다 크고 장엄하게 하는 제자가 제자일 수 있을까.

　안목이 없는 이의 불사라고 밖에 보여지지 않는다.

　법당 앞에 석등과 탑을 세우고 그 옆에 큼직한 시주자 명패를
돌에 새겨서 두는 일은 그리 보기 어렵지 않다.

　아예 법당 앞에 공덕비가 선 경우도 허다하다.

　법당 주위에는 부처님 사리탑 외에 다른 조사(祖師)의 탑도 세
우지 못하는 게 가람배치의 법도다. 경내에서는 촛점이 부처님과
보살님 쪽으로 모셔져야 하기 때문이다. 창건주, 조사의 탑이나
공덕비라 할 지라도 경내에 허용되지 않는다. 따라서 절 입구나
절 좌우 밖에 모실 수밖에 없는 일이다.

　송광사의 경우 중창주이신 보조스님의 사리탑이 몇 차례나 경
내 밖으로 옮겨졌다가 다시 들어온지 모른다.

　지금은 관음전 뒷자리 낮은 봉우리에 모셔져 있다. 참 많이도
나갔다가 들어왔다. 안목을 갖춘 이가 불사를 하지 않으면 보조
스님의 사라탑처럼 자주 옮겨지는 현상이 벌어질 것이다.

어느 불사에서나 불보살님보다 우선하는 시주자 조사, 중단 하단 등이 허용되어서는 안될 일이다. 복을 지으려고 벌인 불사가 오히려 복을 더는 어리석음을 언제 멈출 것인지 …….

이런 공 저런 공

처음 불교가 중국에 전해졌을 때 공(空)의 개념이 잘못 이해되어 도안법사가 회통칠 때까지 대략 250년 동안 격의불교(格義佛教) 시대로 일관되었다. 노장 사상으로 엇비슷하게 이해되었던 공의 개념은 근본불교 입장에서 동떨어진 오해였다.

최상승 법문이 문화 풍토가 다른 지역으로 전해져 토착화 되어 가는 과정에서 으레 있는 현상이다. 한 개인도 불교입문 과정에서 격의불교의 터널을 많든 적든 겪기 마련이다. 선입견과 편견의 다소에 비례하여 지레 짐작한 불교가 더욱 두터운 벽으로 다가오는 경우가 있다.

반야심경의 색즉시공(色卽是空)은 가장 많이 알려진 만큼 오류도 적지 않아 대략 세 종류로 나눠서 살펴 보면 다음과 같다.

첫째, 분석공(分析空)이다. 큰 것은 색(色)이고 아주 조그마한 것은 공(空)이라는 논법이다. 물리학을 인용하여 물질의 근원을 따지자면 공이라는 주장도 분석공의 한 종류다.

물질은 허공과 다르지 않다고 번역하는 따위도 여기에 속한다. 비유로써 알아듣기 쉽게 설명하는 방편을 세우다 보니 은연 중 분석공으로 떨어지고 만다.

분필이나 물질이나 이를 가루로 만들어서 허공으로 훅 불어 날렸을 때에 분필가루가 우리 눈앞에 나타나 보이지 않는다고 하여

공이라고 해서는 위험천만이다. 허공도 역시 물질계의 하나임에 틀림없다.

과학 특히 물리학 분야의 연구가 활발해져서 불교의 이론은 증명하여 뒷받침해 주는 일은 반가운 일이나, 미국에 선을 전한 일본의 스즈끼 박사와 같이 불교의 저변인구를 확산시키는 데에는 성공할지라도 불교의 근본 가르침인 깨달음의 공마저도 분석공으로 밀어붙이는 것이 괜찮을지 모를 일이다.

둘째, 무기공(無記空)이다. 흐르는 물이 마치 늪에 빠져들어가서 썩어드는 이치와 같다. 흐르지도 않고 거슬러 되돌아 가지도 않고 제자리 걸음으로 빙빙 맴돌다가 끝내는 썩고 만다. 고락(苦樂)이 없어 우선은 편안하나 아무 보람도 없이 공부로서는 큰 병폐다.

스스로는 제법 깨달음에 든 양 느껴져서, "공을 취득하였다." 하는 데에 이른다. 하고 많은 공부인이 이 무기공을 딛고 일어서지 못한 탓으로 더 이상의 공부진전을 못보는 예가 허다하다. 무기공에 들 바에는 차라리 사마외도(邪魔外道)가 되는 게 낫다는 말이 있을 만큼 무기공은 대단한 독소다.

사마외도에 빠졌을 때에는 주위에서 곧 그 그릇됨을 보아서 탁마해 줄 수 있으나 무기공은 주위 사람은 물론 본인도 모르기 때문이다.

비슷한 예로, 동면(冬眠)하는 동물들의 겨울잠을 보라. 석달 내내 먹지 않고 그대로 깊은 잠 속에 빠져 있다. 참선하는 수도인이 석달 내내 먹지 않고 이렇게 지내고 있다면 선정(禪定)이라고 할 것인가.

셋째, 유추공(類推空)이다. 선에서는 의리선(義理禪)이라고 하여 철저하게 수행에 바탕을 삼지 않고 이모저모 따져서 해석하는 따위를 말한다.

얼마 전에 한 스님의 반야심경 해석이 큰 사찰 선원 지대방 벽에 표구되어 걸려있는 것을 보고 놀랐었다.

색즉시색(色卽是色)을, '마음은 육체와 다르지 않고 육체는 마음과 다르지 않다.' 라고 해석하였을 뿐, 더 한 걸음 나아가서 설명하지 아니한 대목을 목격하였다.

육체가 공과 다르지 않고 마음이 공과 다르지 않다고 하여 마음이 육체와 다르지 않다고 비약할 수 있을까. 의리천착도 이만저만한 게 아니다. 혹 다른 불교교리에서 심신불이(心身不二)를 이야기하였다면 통할 수 있으나, 반야심경 공을 풀이하여 법문하는 대목에서는 크게 어긋난 해석이다.

입으로 법을 짓는 이와 함께 견처(見處)를 거짓으로 내보이는 이는 똑같이 '악화가 양화를 내쫓는 격' 으로 잘 알려진다.

거리에 나서면 공을 이야기하는 책이 수없이 쏟아져 나오고 수식어처럼 책 제목에 따라 붙는 현상도 유행의 물결인가.

우리 시대에서 격의불교는 참 오랫동안 흘러갈 추세다. 이조시대 불교탄압과 일제시대의 왜색불교가 판을 치더니 이제는 엉뚱하게 할봉(喝棒)이 난무하는 치기어린 일들이 곳곳에서 철마다 연출되고 있어 아연해질 수밖에 없다.

게다가 무분별하게 선사, 대선사, 대종사로 호칭되고 있어 낯뜨거운 노릇이다. 이렇듯, 우리 불교계에서는 존칭어 마저도 혼란 속에서 아무렇게나 붙여지고 있는 실정이다.

섣불리 색즉시공을 이해하고 '마음이 육체이고 육체가 마음이다.' 하는 말을 시도 때도 없이 내뱉어서 될 법한 일인가. 제2의 도안법사가 절실히 요구된다.

요즈음 같은 풍토에서는 깨달음의 법(法), 공(空) 이전에 참회법이 널리 시행되어 매일 조석으로 향등(香燈)을 불전에 올리는 시간에 참회하고 또 참회하는 일이 아쉬워지는 건 나 혼자만의 생각이 아닐 것이다.

재와 제사

재(齋)와 제사(祭祀)의 구별점은 분명하면서도 그 한계를 긋기에는 애매모호한 데가 있다. 엄밀히 구별하자면, 영가에게 법문을 베풀어 해탈하도록 하는 의식은 '재'이고, 영가에게 음식 등을 차려서 위로와 경배를 올리는 의식은 '제사'다. 그런데 오늘날 절에서는 이 두 가지를 겸하여 '시식'이란 의식으로 행하고 있다.

재에서는 영가에게 하루 빨리 세속의 미련을 버리고 욕심에서 벗어나 다음 생을 받든지 혹은 극락세계에 가서 태어나도록 법문을 일러준다. 반면에 제사에서는 영가를 청하여 차려놓은 진수를 맛보면서 함께 자리를 같이 하고 싶어하는 세속적인 미련에 바탕을 두고 있다.

그럼, 어느 때부터 이런 재와 제사의식이 섞여져 내려왔을까. 노스님들에 따르면, 조선 임진왜란 이후 환성지안(喚醒志安)스님(1664~1729)과 동시대의 인물인 월봉(月俸)스님에 의해서 시식 작법이 시작되었다고 하는데 이는 불교와 유교의 합작의식으로 이루어졌다고 보면 되겠다.

정법으로 포교를 당당히 할 수 있는 오늘, 이 시식에서 문제점은 없는지 살펴보고 넘어가야 할 일이다.

내가 머물고 있는 인천 용화사에서는 우리나라에서 가장 많은 위패를 봉안하고 있는데 그 숫자는 무려 2만 1천을 넘는다. 매일

재를 모신다고 치면 거의 20명 영가 위패의 시식을 모셔야 할 형편이다.

그러나 용화사 시식작법은 진수를 올리지 않는 게 특징이다. 향, 초, 차, 과일, 쌀 등 5공양 위주다. 의식은 철저하게 법문 위주로 하고 합동으로 모시는 재가 보편화되어 번거롭지 않다. 한편으로 정기법회 시작 전에는 시방삼계 외로운 영가를 법회에 청하는 의식을 반드시 넣는다.

이런 용화사 시식작법 이야기를 전해 들은 한 절의 원주스님은 의아스럽다는 듯이, "진수를 올리지 않으면 영가는 무얼 먹습니까?" 하고 물었다.

신도와 스님 할 것 없이 으레 있을 법한 질문이다.

300년 가까이 유불합작(儒佛合作) 시식이 전해져 내려오면서 내실보다는 형식위주 작법이 성행하다 보니 진수가 없으면 곧 시식이 불가능하다는 생각이 앞서기 마련이다.

부처님의 근본 가르침에 진수를 올리고 제사 지내라는 말씀이 한 곳도 없다. 해탈법문과 대중공양이 있을 뿐이다.

사실 조상 부모 잘 모시는 일이 반드시 필요한 예법이긴 하나 여법(如法)하지 못할 바에는 참회작법이 바람직하다.

부처님과 보살님의 위신력에만 매달려서 전적으로 믿는 시식은 이제 달라져야 할 때가 왔다. 무엇 무엇을 이루게 해달라는 '요구'에서 참되게 살겠다는 '다짐'이 앞서야 할 때가 왔다.

십악(十惡) 참회를 간절히 하고 부처님 법문에 귀 기울이는 일이 바로 참다운 시식이 아닐까. 영가와 생존자가 다같이 청정한 마음으로 돌아가서 해탈하도록 하는 일이 여법한 작법이다.

불교의식 작법 대다수가 한문 이듯이 시식 역시 알아듣기 어려운 한문 일색이다. 법주스님의 쉬운 우리말 염불가락이 영가를 달래어 주고 해탈케 하여 주며 생존자에게는 법문을 되새기게 하는 계기가 새롭게 마련되어야 한다.

일가 친척들이 모처럼 절에 나와서 법문을 접할 기회를 가졌으나 이런 한문 염불로 하여 더욱 여러운 불교, 까다로운 불교로 이해되고 있는 일은 없는지 살펴볼 일이다.

간혹 절의 속 살림살이를 훤히 들여다 보기까지 하는 '영리한 보살님' 들 중에는, "저 법주스님은 이번 시식에서 어느 부분을 막 빼먹고 넘어간다." 하고 영락없이 입바른 소리로 꼬집어낸다. 시식작법이 간소화해져 가면서 생략되는 일이 다반사인 경우를 두고 한 말이다.

금강경 독경이나 어른 스님의 법문이 있을 경우에는 시식작법이 법주스님의 재량에 따라 짧아질 수 있는데도, "이 절 스님은 성의가 부족하다." 하고 속단하고는 다른 절을 물색하기에 이르는 예를 얼마든지 볼 수 있다.

쉽게 말하자면, 염불소리가 곱고 시간이 길어야 합격이다. 알아듣지 못하는 한문 염불이거나 말거나 상관없다는 태도다.

"이러다가 신도가 끊어져서 절에서 굶지나 않을까?" 하고 염려할 스님은 없겠으나 '영리한 보살님' 의 등살에 배겨날 스님은 그리 흔치 않을 것이다.

언제까지 이대로 흘러가야 하는가. 한글세대 불자는 이를 용납

하지 않을 뿐더러 형식 위주 작법에서 등을 돌리고 말 일은 뻔한 사실이다. 알기 쉬우면서도 내실을 기하여 법문으로 회통치는 시식작법이 아쉽다.

윤회사상을 믿지 않는 천주교에서까지 49재를 도입하여 영가천도를 하는 아이러니는 무얼 말하는가? 길흉화복 인간대사가 이끌림이 되어 방편으로 '개미 앞의 꿀'을 역할하는 절호의 기회를 놓치지 않고 바로 법문에 들게 하는 길임을 깊이 반성해야 할 일이다.

이 절호의 기회에 불교에서는 오히려 퇴굴심(退掘心)을 일으키게 해서는 천만부당한 일이다.

귀중한 승보

나는 지난 번 인도 성지순례에서 책으로는 얻을 수 없는 좋은 체험을 한 일이 참으로 많다.

삼보의 소중함을 마음 속 깊이 느낀 일도 이 가운데 하나다. 내가 '나그푸르'를 참배한 때는 작년 10월 14일, 암베드칼 보살의 개종(改宗) 기념일 무렵이었다. 나그푸르는 인도 한복판의 도시로 120만 명 인구가 모여 살고 있다. 불교인구는 놀랍게도 약 1/4에 해당하는 30만 명이다. 거리마다 골목마다 부처님과 암베드칼 보살상이 수없이 모셔져 있다. 줄잡아 100여 상은 넘을 듯 싶다. 카스트 제도를 정면으로 부정하고 인간 평등사상에 투철한 부처님 법문에 귀의한 암베드칼을 따라서 함께 개종한 보살과 그의 지지자 일행의 수효는 약 40만 명이었다는 기록이 있다. 그들은 본디 힌두교 인들이었다.

그 날 저녁에 일본절에서 개종 기념일 행사를 마친 것으로 나그푸르 참배일정을 마쳤다.

다음은 나그푸르의 한 불자가정에서 베푼 대중공양 재에 동참한 소감이다.

내가 머문 붓다부미 절 대중 스님 대여섯 분과 함께 봉고차로 마을 신도집에 도착하였을 때는 오전 10시쯤이었다.

큰길 가에 봉고차를 세워두고 골목길로 들어섰을 때였다. 향을 태우는 향기로움이 은은하였다. 곱게 비질을 한 땅 위에는 만다라 그림같은 무늬가 흰 가루로 그려져 있고, 신도집에 도착하였을 때에는 스님들을 환영하는 이웃 사람들로 장터를 이루었다.

먼저 주지 스님이 도마같은 판때기 위에 올라섰다. 보살님이 주지 스님 발등에 물을 붓고 손으로 가볍게 씻었다. 아마 부처님 당시 풍습을 그대로 재현하는가 보다. 주지스님 다음으로 총무스님 등의 순서로 보살님에게 모두 발을 내맡겼다.

보살님이 내 발등에 물을 붓고 가볍게 씻을 때에 나는 전율하였다.

'아, 이건 부처님께 올린 공양이지, 나같은 깜깜한 중생에게 올리는 공양이 아니야!'

나는 마음이 크게 움직임을 느꼈다.

'이건, 비구 지묵을 향해 올린 공양이 아니야, 부처님 제자, 삼보로서 예우한 거야!'

발을 닦고 방 안에 들어가서 공양의식을 마치고 다시 옆집으로 옮겨가서 봉불식(奉佛式)을 마치기까지 두세 시간 진행되는 동안 나는 참으로 승보가 무엇인지 곰곰히 생각하였다.

열 권의 책으로도 얻을 수 없는 귀중한 체험이었다.

봉불식은 티벳불교의 영향을 받은 우리 한국 절같은 장엄한 의식은 아니었다. 모셔지는 부처님도 한 뼘 미만의 조그마한 불상이다. 모든 의식은 대중공양 재 위주로 하는 특징이었다. 스님들께 점심공양 올리는 일이 주요 행사다. 점안(點眼)하는 의식으로는 우리나라의 오색실 대신 흰 실을 쓴다.

주지 스님 등 대중 스님들이 마치 태아의 탯줄을 늘어뜨려서 잡는 것처럼 불상에 매달은 실을 잡고 독경 염불을 한다. 동참한 신도들과 이웃집 아이들은 모두 스님들이 잡고 있는 실끝을 늘어뜨려서 잡고 있다가 봉불식이 끝난 후 한 뼘씩 끊어서 팔목에 묶는다. 이것이 봉불식의 전부다.

대중공양을 마치고 신도집을 나올 때에는 으레 봉투공양(금전보시)이 있다.

아주 적은 돈이지만 정성이 지극하다. 스님들이 문 밖으로 나서려고 할 때 다시 신도들이 발등에 정례(頂禮)를 한다. 이웃에 하는 신도들은 물론 어린 아이들까지 따라서 정례한다. 나는 승보의 소중함을 이때처럼 뼈저리게 느낀 일이 일찍이 없었다.

"정말 나는 불제자가 되어야 겠다. 이 분들의 정성에 보답하는 길은 오직 발심하여 정진하는 일 뿐이다."

그 외에 스리랑카와 태국에서도 비슷한 경험을 하였다.

오렌지색이나 주황색 가사가 눈에 띄기만 하여도 신도들은 안절부절이다. 스님에 대한 예우를 올리기 위해 정성을 아끼지 않는다.

나는 마침 스리랑카 설날과 태국 설날을 절에서 지냈기 때문에 그 곳의 풍속을 눈여겨 볼 기회를 가졌다. 승보가 무엇인지 깨달은 바가 있다.

"스님이면 별 사람이냐, 너나 나나 다 같지."

이런 말이 오가는 중에는 삼보가 배겨날 리 없다. 스님은 같은 사람이지만 장차 부처님의 혜명을 이어나갈 승보로 자각하여야 한다.

'스님이 중하게 여겨져야 부처님도 중하게 여겨진다.'는 말이 있다. 승속을 막론하고 되새겨 봐야 할 문제다.

추위가 뼛골에

나는 황벽선사의 게송 한 편을 좋아한다. 어려움이 많을수록 다약이 된다는 말씀이 오래 가슴에 머문다.

흔히 보살의 길을 말하여 자리이타(自利利他)라고 한다. 나도 이롭고 남도 이롭다는 뜻이다. 또한 상구보리 하화중생(相求普施下化衆生)이란 표현으로, '위로는 깨달음을 구하고 아래로는 중생을 교화한다' 라고 말한다.

수행과 포교는 종교의 근본 취지, 절 집안 일 역시 이 범주를 벗어나는 법이 없다. 엄격히 말하자면 종무 삼직 가운데서 교무의 업무가 여기에 속한다. 총무는 대외 관계와 인사 행정을 맡고, 재무는 교무 업무를 뒷바라지 하는 재정 후원자 역할을 한다. 그만큼 교무 역할이 커서 요즘은 포교분야가 따로 나눠진 본사도 있다.

수행과 포교는 둘이 아니다. 수행승과 포교승이 나눠져야 한다는 이야기가 나왔으나 별 호응을 얻지 못한 채 흐지부지되고 만 적이 있다.

철저한 자기 수행은 바로 포교의 한 역할을 충분히 해내고 있는 셈이다. 왜 그런가 하면, 피나는 노력을 계속하는 수행자의 미담은 듣는 이의 마음을 훈훈하게 하기에 충분하기 때문이다. 따로 언어 포교, 문서 포교로 고집하는 이의 입장에서는 의외라고 생각할 터이다. 이점이 불교의 장점이자, 특수성이라고 생각한다.

　어떤 이의 항의 편지에는, "왜 스님들은 산중에서 머물러 있기를 좋아하십니까? 도심지 포교당에 나와서 열심히 뛰어다녀야지요. 이웃들에게 부처님 법문을 들려주는 데에 인색해서야 되겠습니까? 한 번은 스님을 뵙고자 하였는데, 삼천 배를 하라고 하십니다. 문턱이 너무 높습니다."라고 한 말이 있다.

　스님들도 다른 종교인들처럼 되라는 말로 이해된다. 절을 삼천 배 하라는 말씀도 공부와 연관이 없고 무턱대고 어렵고 문턱이 높다고 해서는 안될 일이다. 가가호호 방문하는 극성스런 이들은 내가 보기에 오히려 역포교다. 대체로 남의 대문을 두드리고 들어가서 귀찮게 굴기 때문에 욕을 먹기 일쑤다. 이런 체면 모르는 이들을 우리는 포교사로 보기 어렵지 않을까.

　스님들은 나름대로의 길이 있다. 철저한 자기 수행을 우선할 수밖에 없다. 이렇게 정진하는 이가 많을수록 포교가 잘 되는 줄 안다. 불교 포교의 부진한 일면을 '스님들이 포교에 앞장서지 않아서 그렇다'라고 하여 자기 수행을 젖혀두고 포교 일선에 뛰어들라는 말은 어불성설이다.

티끌 세상 벗어남은 비상한 일이다.
줄 끝을 바싹 쥐고 한 마당 차려보자.
한 번 추위가 뼛골에 사무치지 아니한들
매화가 코를 두드리는 향기를 어찌 얻겠는가

塵勞逈脫事非常　緊把繩頭做一場

不是一番寒徹骨　爭得梅花撲鼻香

　우리는 부처님을 모시는 입장에서 매사를 부처님의 행적과 가르침에서 살펴보는 일이 우선되어야 한다. 이런 맥락에서 볼 때 부처님의 6년 고행과 보리수 아래에서의 깨달음을 얻으신 수행과정을 소홀히 해서는 안될 일이다.

　또한 위의를 잘 갖추어서 우행(牛行:조심스럽게 천천히 걷는 걸음)과 호시(虎視:시선을 정면으로 하여 바로 봄)로 나들이를 하였을 때에 인천(人天)이 환희해 마지 않는 상호(相好) 법문을 빼놓을 수 없다.

　내면의 수행의 힘은 몸 밖으로 드러나서 보는 이들을 감동케 한다. 잘 익은 과일의 향기와 같이 무르익은 수행자의 덕을 포교의 방편으로 삼을 일이다.

　지난 겨울이 덜 추웠기 때문에 매화 향기 역시 별로였다.

　매화나무 아래에 서 있어도 그 은은한 암향이 없었다.

　역시 겨울의 맛은 눈이 내리고 추울 때에는 추워야 제격이다. 매화나무 등걸이 얼어서 터지도록 추울 때가 있어야 할 것이다.

　그런 겨울 뒤에는 조춘의 설매가 아름다운 향기를 아낌없이 내뿜어서 그윽한 기쁨 속에 잦아들게 한다. 사군자 가운데서도 향기로 첫째를 꼽는다면 역시 매화가 아닐까.

　도를 배우고 참선하는 이는

　뜻을 태산처럼 굳게 가져서 틈이 없이 하라.

목숨을 내걸고 몸뚱이가 뒹굴 때에
철두철미 청경하여 간담까지 서늘해.

學道參禪志如山 堅立志用無間
通天一擲飜身轉 徹底澄澄透膽寒

　나옹 스님이 법문을 청한 수좌들에게 들려주신 게송이다. 범사
(凡事)에도 뜻이 서야 하는데 하물며 도를 배우는 학인에게 있어
서는 비상한 각오가 어찌 필요치 않을 것인가.

대웅보전 벽화

보시태자 이야기

은혜의 얽매임을 떠나서 깨달음(무위)에 들어간 사람이라야 참
으로 은혜에 보답한 것이다.

棄恩入無爲
眞實報恩者

옛날 스님들이 출가 의식을 행할 때에 이런 게송을 읊었다고 전
한다. 보시의 정신은 대가를 바라지 않고 청정한 마음 그대로 주
는 것이지만 받는 쪽에서는 또 어떻게 마음가짐을 가져야 하는지
를 알려주는 법문이다. 경전을 들추다 보니 별별 희한한 보시 이
야기가 다 나온다.

과거, 현재, 미래의 보살 마하살의 보시에는 상상조차 하기 힘
든 갖가지 종류가 있는데, 가슴 속의 심장을 꺼내 보시한 보살,
처자식을 보시한 보살, 눈알을 떼어 보시한 보살, 이를 뽑아 보시
한 보살, 팔 다리를 떼어 보시한 보살, 피를 뽑아 보시한 보살, 살
과 골수를 보시한 보살, 오장육부를 보시한 보살 등으로 부지기
수다.

다음은 인연 따라 줄 수 있는 것이라면 남김없이 내어준 보살의

이야기.

　보시태자는 이름 그대로 무엇이나 주기를 좋아하는 태자였다. 그는 태자의 지위를 사양하고 한적한 산 속으로 살 곳을 택하여 부인과 두 아들 등 가족과 함께 자리를 잡았다. 나무 아래서 조용히 선정에 든 태자에 대한 소문이 이웃 마을에 퍼졌다.

　"이런, 어리석은 태자를 보게. 태자의 자리도 팽개치고 산 속으로 이사 온 것을! 아마 말을 잘 못하는 벙어리이거나 귀머거리가 아닐까? 그렇지 않고서야 어찌 멀쩡한 사람이 처자식을 거느리고 이렇게 산담."

　"허허, 보아하니 무슨 사연이 있기는 있는 모양이더군. 사람 팔자는 시간 문제라고, 태자 지위도 헌신짝이나 다름 없다니까!"

　"아니야! 그건 그렇지 않네. 얼굴에 화평한 기색이 보이지 않는가? 도를 위한 진실한 수행자들이 하나같이 저런 모습이 아니던가!"

　이때 자식을 못 둔 늙은 바라문 내외가 이런 보시태자의 소식을 듣고는, "이번 기회에 우리도 한 번 말을 해볼까? 자식을 보시할 수 있느냐고?"

　"아마, 그건 가능할 게요. 왕궁에서 이 곳까지 이사를 오면서도 도중에 이삿짐을 달라는 이들에게 군말없이 내어 주었다 하지 않소?" 하고 이야기를 나누었다.

　하루는 나무 아래서 결가부좌 자세로 앉아 여느 때처럼 깊은 선정에 든 보시태자 곁에 늙은 바라문이 나타났다.

　"여보시오, 태자님."

보시태자는 늙은 바라문이 부르는 소리에 선정에서 깨어났다.

"네에."

보시태자가 조용히 대답하였다.

"말씀을 드리기는 황송하오나, 워낙 오랜 소원이라서……."

늙은 바라문이 머뭇 거렸다. 보시태자는 지그시 늙은 바라문을 살펴보고는 입을 열었다.

"말씀을 하시오. 무슨 청할 일이 있습니까?"

늙은 바라문이 용기를 내어 소원을 털어 놓았다.

"저어, 바로 말씀을 드리자면 저 늙은 내외에게는 자식이 없습니다. 오랜 소원이 있다면, 그건 자식을 가져서 단란한 가정을 이루어 보는 일입니다."

여기서 말을 끊고 한숨을 돌이켜 쉬었다. 이때, 보시태자가 조용히 말하였다.

"그것 참, 안 됐습니다. 저희 내외는 젊어서 아직 희망이 있습니다. 원하신다면 저희 집 두 아이를 내어 놓도록 하겠습니다."

순간 늙은 바라문은 눈을 빛내면서 허리를 굽혔다.

"고맙습니다. 태자님. 고맙습니다. 태자님."

늙은 바라문이 보시태자의 두 아들을 데리러 온 날이었다.

보시태자의 부인은 과일 등 먹을 것을 장만하기 위하여 길을 떠나고 집에 없었다. 보시태자는 끈으로 두 아들의 손을 뒤로 묶어서 늙은 바라문의 손에 넘겨주면서 아이들을 향하여,

"얘들아, 이 할아버지를 따라 잘 가거라. 너희들의 진짜 아버지는 내가 아니고 바로 이 할아버지야. 너희들은 이제 너희들을 잘

길러줄 아버지를 만났으니 어서 길을 떠나거라.” 하고 배웅하여
주었다는 본생담(本生譚) 한 토막이다.

한편, 아이들을 데리고 간 늙은 바라문 내외가 보시태자의 은혜
에 보답할 수 있는 길은 무엇일까. 세속적인 값으로 따지지 않고
은혜에 얽매이지 않고 투철하게 깨달음을 이루는 것만이 참 보은
이라 할 수 있을 것이다.

구멍부대를 아끼듯이

부처님의 최후 법문으로서 2월 15일 하루 낮, 하룻 밤 동안 설
하신 열반경 가운데 거룩한 행품〔聖行品〕에는, 부처님이 가섭에
게 열반경에 대하여 다섯가지 행〔五種行〕을 생각하도록 권하신
내용의 법문이 다음과 같이 나온다.

첫째는 거룩한 행이고, 둘째는 청정한 행이고, 셋째는 하늘의
행이고, 넷째는 어린아이의 행이고, 다섯째는 병을 고치는 행이
다. 이 다섯 가지 행은 보살행의 다섯 갈래 길로서 대승 열반경의
정신이다. 이 가운데 첫째의 거룩한 행의 법문에 지계(持戒) 이야
기가 있다.

이미 출가를 하여 계율을 지켜서 위의가 아름답고 점잖으며, 허
물을 짓지 않고 작은 죄라도 두려운 마음을 내어 계율을 잘 수호
하려는 마음이 금강과 같이 굳은 스님이라야 승보라 하는 것이
다. 비유로서 다음과 같은 이야기가 있다.

어떤 사람이 구멍부대에 의지하여 바다를 건너 가고 있을 때였

다. 바다의 무서운 한 나찰이 이 사람에게 말하기를, "아, 여보시오. 내게 구명부대를 주시오." 하였다.

그 사람이 생각하기를, '이 구명부대를 줘 버리면, 나는 반드시 물에 빠져 죽을 것이다.' 하고 이렇게 대답하였다.

"당신이 나를 죽일지라도 이 구명부대는 줄 수가 없습니다."

나찰이 다시 간청하였다.

"그럼, 전부를 내어 줄 수가 없으면 반이라도 잘라 주시오."

그래도 그 사람이 구명부대를 내어 주지 않았다.

나찰이 다시 말하였다.

"당신이 반도 줄 수 없거든 손바닥 만큼만 떼어 주시오." 하였다. 역시 주지 않자 이번에는,

"당신이 만일 손바닥만큼도 줄 수 없거든, 내가 배가 고파서 고통이 심하니 털끝만큼이라도 떼어 주시오." 하였다.

그 사람은 이렇게 대답하였다.

"지금 당신이 달라는 것은 얼마 되지는 않지만, 내가 지금 바다를 건너 가는 데에 앞길이 얼마나 먼지 모르는 터에, 조금이라도 당신에게 준다면 거기에서 차츰 공기가 새어 나갈 것이니, 드넓은 바다를 어떻게 건너 가며, 그리하여 내가 어떤 방법으로 물에 빠져 죽는 일을 면할 수가 있겠소?"

보살 마하살이 계율을 수호하고 지니는 것도 이와 같아서, 바다를 건너가는 사람이 구명부대를 사랑하고 아끼는 것과 같아야 한다는 법문이다.

정진하는 수행자에게 마장이 따르는 이치도 이와 같다.

번뇌라는 나찰은 수행자에게, "당신은 나를 믿으시오. 나는 당신을 속이지 않소. 네 가지 중대한 바라이 계율은 깨트리고 다른 계행만을 잘 보호하여 지니는 인연으로 편안히 열반에 들게 될 것입니다." 하고 속삭인다.

수행자는 대답한다.

"나는 차라리 계율을 지키다가 아비지옥에 떨어질망정, 계율을 깨뜨리고 천상에 태어나기를 원치 않습니다."

번뇌 나찰은 다시 말한다.

"당신이 만일 네 가지 중대한 바라이 계율을 깨트릴 수 없거든, 그보다 가벼운 열세 가지 승잔죄(僧殘罪)만이라도 깨트려서 그 인연으로 편안히 열반에 들게 될 것입니다."

그래도 수행자는 듣지 않는다. 나찰은 다시 달래서 말한다.

"당신이 열세 가지 승잔죄마저도 깨트릴 수 없거든 두 가지 투란차죄〔不定法〕를 깨트려도 그 인연으로 편안히 열반에 들게 될 것입니다."

그러나 수행자는 한사코 계율을 엄수하여 번뇌 나찰의 유혹에서 벗어났다. 숫타니파타에서는 이렇게 노래한다.

세상을 잘 알고 최고의 진리를 보고
거센 흐름과 바다를 건넌 사람
속박을 끊고 의존하지 않으며
번뇌의 때가 묻지 않은 사람
어진 이들은 그를 성인으로 안다.

감 잎에 쓴 글씨

경운(擎雲)스님의 이야기

조계산 선암사 비림 가운데 정인보 선생이 지은 '화엄종 주 경운당 대사 비' 첫머리는 이렇게 시작된다.

'때는 무진년(1928) 석경운 스님이 수계한 지 60년을 회갑 1주기를 맞이한 날에 출가한 이로 박한영, 진진응 등 여러분을 비롯하여 강백으로 어느 누구나 석경운 스님의 가르침을 받지 않은 이가 없을 만큼 많아서 모두가 한자리에 모여서 석경운 스님의 장수를 축하해 마지 않았다.

이로부터 아홉 해가 지나 병자년(1936년, 소화 11년 양력 11월 11일 11시) 음력 9월 28일에 순천 선암사 대승암에서 입적하였으니 세수(世壽) 85세다.'

이름은 원기(元寄)이고, 속성은 김 씨이며, 관(貫)은 김해, 집은 웅천에 있었다.

출가는 열일곱 살 때에 구례 연곡사에서 환경(幻鏡)스님을 의지하여 계를 받는 것으로 시작된다. 이듬해부터 선암사로 옮겨와서 경학을 익혀 강사가 된다.

강맥(講脈)은 백파(白坡)의 운손(雲孫)으로서 화엄종주 조계산 제1세 함명(函溟)스님, 제2세 경붕(景鵬)스님, 제3세 경운(擎雲)스님, 제4대 금봉(錦峰)스님 등으로 이어진다.

경운스님의 일화가 있다.

스승의 말씀에 따라 탁발 만행 중에서도 걸망에 푸른 감잎이 달린 가지를 얹어 가지고 다니면서 마을 정자나 당신 나무 밑에서 쉴 때마다 붓글씨를 썼다는 이야기다. 종이조각이 귀한 시절에 있을 법한 일이다.

종이 조각이 눈에 띄일 경우 차곡차곡 모아 두었다가 곱게 펴서 사경(寫經)용지로 쓴 것은 그 뒷날의 일이다.

고종(高宗:1864~1896) 년간에 명성황후의 발원으로 통도사에서 일자일배(一字一拜)해가면서 법화경을 사경할 때의 일이다. 사경실 앞에는 삼현육각이 잡히고 점심 무렵에는 양산군수가 친히 식당으로 인도하는 배려가 따랐다. 불전에 절을 한 차례하고 한 글자를 쓰는 법화경 사경을 하던 도중에 기이한 일이 벌어졌는데 비문에는 이 일을 다음과 같이 기록하고 있다.

'족제비가 방 안으로 들어왔기에 꼬리털을 잘라서 붓을 묶고 족제비를 놓아 주었다.'

전하는 바로는 그 족제비 꼬리털로 손수 세 자루 붓을 묶어서 사경하는 붓으로 썼다고 한다. 사경할 때 사용한 종이는 검은 색 닥종이이고 먹 대신 금분으로 썼고 사경한 법화경 두 질 열네 권 가운데 한 질 일곱 권은 지금도 통도사 보물장에 보관되어 있다.

선암사에 남아 있는 화엄경 스무 권(한 권은 여순 반란 때에 잃어버림)은 한 줄로 쓰고 한 차례 절하는 일행일배로 여섯 해 걸려 사경하였다. 사경을 하기 전에는 향을 피운 후 반드시 정갈한 옷으로 갈아 입었다. 누워서 구겨진 옷은 갈아 입었고 사경실 밖으로 출입한 경우에도 옷을 갈아 입었다.

초창기에 푸른 감 잎에 습자로 쓴 글씨가 이제는 조선사경 제 1인자로 발전하였다. 손수 비단 표지로 제본한 화엄경은 신품으로 여겨질만큼 빼어나 친견하는 이마다 놀라움과 감탄을 자아내는 법보로 전해지고 있다.

경운스님의 또 다른 연꽃 일화가 있다.

순천 포교당 뜰의 연못에는 연 뿌리를 옮겨 심었어도 무슨 영문인지 제대로 자라지 못하여 연꽃 구경을 하지 못한 채 여러 해가 지나갔다. 그러나 경운스님이 순천 포교당에 머물러 계시는 동안 흰 연꽃이 난데없이 활짝 피어나는 경사가 났다. 주위 인사들이 이 연꽃의 경사스러움에 맞추어서 '백련결사(白蓮結社)'를 맺어 경운스님을 회주로 모셨다.

이 이후 전국 30본산 연합 포교당인 각황사가 서울에 생겼을 때에 선교양종(禪敎兩宗)의 종회에서 초대 종정 격인 교정(敎正)으로 추대되어 각황사에서 일곱 해 동안 지낸 일이 있었다.

경운스님의 상호(相好)는 처음에 우는 얼굴이었으나 스승의 가르침에 따라 관음기도를 열심히 하여 웃는 얼굴로 바뀌었다고 한다. 푸른 감 잎에 글씨를 쓰게 한 스승의 가르침이 큰 힘이 되어 근세 사경의 금자탑을 이룩하였으니 스승의 공은 대단한 것이다.

예로부터 큰 나무 아래에서는 그늘이 좋아 편히 쉴 수 있고 큰 인물 아래에서는 덕화에 힘입어 크게 될 수 있다고 하였으니 진실한 말씀이다.

가난한 소년의 이야기

가난한 집안의 맏아들로 태어난 소년이 있었다.

새 교과서가 나올 새 학기 무렵에는 헌 책을 구하여 바뀐 새 책의 내용을 죄다 베껴 쓰느라고 바빴다. 이것이 사경의 시작이었다. 참고서는 친구들에게 빌려서 보았는데 시험공부에 지친 친구들이 잠든 시간에 잠깐 얻어볼 뿐이었다.

백지도(白地圖) 노트를 흰 종이에 그려서 책으로 엮었더니 지리 선생님이 학생들 앞에서 이렇게 말하였다.

"내게 큰 보람을 주는 학생이 있소. 백지도 노트를 살 돈이 없어서 낱낱이 그려서 사용한 이 학생은 제가 교단에 선 지 스무해가 다 되어가지만 처음입니다."

중학 입학 시험에서 장학생이 된 소년은 중학생 교복을 입지 못하였다. 초등학교 교복의 칼라를 고쳐서 입었을 뿐이었다. 점심 끼니도 걸러야 할 처지였으나 성적은 늘 상위권이었다.

중학교 시절 지긋지긋한 시험에서 해방되고 싶은 마음과 또다른 이유 등이 겹쳐서 학교를 자퇴하고 입산출가의 길을 나선 적도 있었다. 좀더 자라서는 논어를 사경하기 시작하여 손수 치자물을 들여서 노란 책표지의 한장(漢裝)으로 엮기도 하였다. 뒷날 조계산 송광사 화엄전에 보관 중인 경판 초발심자경문(初發心者警文)을 손질하여 원판에서는 알아 볼 수 없는 글씨를 낱낱이 익힐 수 있도록 '초발심자경문 영인본'을 펴낸 데에는 전날 백지도 노트를 그린 공과(功果)가 아니었을까.

내 전생 이야기의 한 대목이다.

육바라밀

월요일 보시

육바라밀 중 첫 번째는 보시다. 보시란 베풀어서 남을 도와준다는 말이다.

흔히들 도움이라면 반드시 무얼 주어야 하는 것으로 안다. 진리의 말씀을 들려주고 돈이나 재물을 주는 일들이다.

그러나 밝은 웃음은 무엇보다도 큰 보시 중의 하나다. 구김살없이 환하게 웃는 얼굴은 삶의 기쁨이기도 하다.

무얼 가져와서 주어도 미운 사람이 있고, 아무거나 가져가도 이쁜 사람이 있다. 웃은 얼굴에 침을 못 뱉듯이 모두가 다 제 하기에 달린 일이다.

화엄경의 화엄이란, 아름다운 꽃이 세상을 장엄하게 꾸미듯이, 웃음과 덕행으로 사람들의 마음 속에 아름다운 꽃이 자리하게 한다는 말이다.

훌륭한 이의 덕담은 멀리서 들어도 마음이 밝아진다. 반드시 주고 받고 하는 일이 없어도 마음이 기쁜 것이다.

또한 남을 해치지 않는 것도 큰 보시 중의 하나다. 남의 좋은 일을 함께 기뻐하고 그냥 그대로 놔두는 일도 큰 도움이다.

부처님은 법구경에서 이렇게 말씀하셨다.

누워도 편안하고 일어나도 편안하고
잘 때는 흉한 꿈을 꾸지 않으며
하늘이 자비와 사랑으로 보호하고
독이나 흉기의 피해를 받지 않는다네.

남에게 밝은 웃음을 주는 것은 돈 드는 일이 아니다. 한 번 웃음에 한 번 젊어지고, 한 번 찡그려서 화를 내면 한 번 늙어진다는 일소일로(一笑一老)라는 옛말이 생각난다.

밝게 웃는다는 것은 제 자신의 건강을 위해서도 꼭 필요하다.

화요일 지계

육바라밀 중 두 번째는 지계다. 지계란 계율과 함께 정한 약속을 잘 지킨다는 말이다.

얼마 전 자원봉사자의 모임인 신행회에서 일일찻집을 열었을 때의 일이다. 그 전 날 나는 몇몇 사람들과 일일찻집에서 낮에 만나기로 약속이 되어 있었다.

나는 일일찻집이나 자선바자회에서 만나자는 약속은 다른 장소에서 갖는 약속과는 다르다고 생각해 왔다. 더구나 회원들끼리는 그런 장소에서 시간 약속이 있을지라도 좀 자유롭지 않을까 하고 막연히 추측을 했었다. 부지런한 이들이기 때문에 열심히 자원봉사를 하리라고 여겼다. 그런데 이 추측이 탈이었다. 약속한 이들이 손님으로 와서 기다리다가 모두 떠난 뒤에 내가 나타났으니까.

늦게 간다는 전화라도 한 통 했어야 하는 건데 별 생각 없이 늦게 나타나서 그런 실수를 저지른 것이다.

시계를 바라보며 이제나 저제나 하고 기다리다가 떠난 이들에게는 미안스럽기 짝이 없는 일이다.

한 번 약속을 어겼다는 자책심 탓인지, 그 후로는 쉽게 다른 약속이 가져지질 않는다. 이분들이 한 말이 있다.

"제가 이제는 앞장서서 설칠 군번은 아니잖아요?"

일일찻집에서 만나자고 약속한 이들은 이제 뒷전에 물러나서 살펴보기나 할 연배인 줄을 몰랐다. 산중에서 시간의 흐림을 더디게 느낀 탓인지 모른다.

법구경의 한 말씀이 약속을 어긴 나의 가슴에 와 닿는다.

남을 가르치듯 스스로 행한다면
그 자신을 잘 다룰 수 있고
남도 잘 다스리게 될 것이다.
자신을 다루기란 참으로 어렵다.

수요일 인욕

육바라밀 중 세 번째는 인욕이다. 인욕이란 참고 견딘다는 말이다.

공동생활, 특히 생활의 첫째 조건을 말한다면 나는 참는 일을 꼽겠다. 한 사람이 살아가는 데에도 제 마음에 들지 않는 일이 많은데 함께 어울려 살자니 얼마나 언짢은 일이 많겠는가?

하루에 백 번씩 '참을 인(忍)자'를 써야 결혼생활을 해낼 수 있다라는 옛 사람의 말씀이 있다.

날씨가 쌀쌀해지는 요즈음 부부싸움 끝에 가출한 이도 있다고 한다. 이 일에도 '참을 인 자'를 쓰고, 저 일에도 '참을 인 자'를 쓰는 노력이 가정과 사회 공동생활에서 꼭 필요하다.

지내놓고 보면 하찮은 일들인데 일을 겪을 당시에는 티격태격 다투기 마련이다. 일을 겪을 때마다 이 일을 신경쓸 것인가, 아닌가 하고 먼저 살펴보아야 한다. 일일이 신경을 다 쓸 수는 없기 때문이다.

율장에서 부처님은 이렇게 말씀하셨다.

허물이 있을지라도 그냥 덮어 두어도 될 일이면
길을 가다가 풀로 길을 덮듯이 하라.

문제를 삼지 않아도 될 일을 공연히 문제 삼아서 시끄럽게 되는 경우가 참 많다. 사소한 시비는 다 이런 데서 생기는 것이다.

한 스님은 찾아오는 이마다 고향사람이라고 부르면서 정말 고향사람을 맞이하듯 극진히 하였다는 이야기가 있다.

고구려 때의 보덕화상 일화다. 오랜만에 고향사람을 만나듯이, 푸근한 인정으로 이웃과 함께 지낸다면 올 겨울을 보다 따스히 맞이할 수 있지 않을까 생각해 본다.

목요일 정진
육바라밀 중 네 번째는 정진이다. 정진이란 꾸준하게 밀고 나아

간다는 말이다.

무슨 일이나 그렇다. 급작스럽게 바삐 해치우지 않고 꾸준히 밀고 나아가는 데에는 요령이 필요하다.

지난 여름 장마로 담장이 무너진 데가 여러 곳 있었다. 이때에 나는 몇몇 스님들과 함께 담장 쌓는 일을 해 본 경험이 있다. 옆의 흐르는 냇가에서 돌을 주워서 하루 종일 담장 쌓는 일을 했다.

그 이튿날이었다. 함께 돌 담장을 쌓는 일을 하던 스님들이 떨어져 나갔다. 입술이 부르트고 피곤하여 더 이상 일을 하기가 힘들었기 때문이다.

나는 일을 계속해서 남은 담장을 마저 고쳤다. 주위에서는 나를 보고 장사 나왔다라는 말을 하였지만 조금도 그렇지가 않다. 다만 일을 꾸준히 하는 요령이 조금 있을 뿐이다.

돌을 들고 놓을 때에는 몸 전체로 해야 하며 손목이나 팔 힘으로는 부족하다. 그리고 큰 돌을 들고 놓은 뒤에는 조그만 돌을 다루어야 피로가 쌓이지 않는다. 조그만 돌을 주워서 잠시 담장 틈새에 끼워 맞추기를 계속하다가 다시 큰 돌을 손대어야 한다. 계속해서 큰 돌만을 들었다가는 얼마 안 가서 쓰러지고 만다. 꾸준히 밀고 나아가기 위해서는 천천히, 서두르지 않아야 한다.

일을 잘못하는 이는 연장을 망가뜨리고 몸부터 다친다.

공부를 하거나 일을 하거나 다같이 요령껏 잘해야 한다. 한 두 일을 조금씩 바꾸어서 손을 대면 머리 회전이 시원해진다. 부처님은 법구경에서 게으른 이를 두고 이렇게 말씀하셨다.

해야 할 일은 소홀히 여기고
해서는 안될 일을 하면서
교만과 방종에 빠진 사람에게
번뇌는 점점 늘어만 간다.

금요일 선정

육바라밀 중 다섯 번째는 선정이다. 선정이란 한 생각이 되도록 마음을 닦아간다는 말이다.

일을 하는 데에는 무엇보다 재미가 첫째다. 비록 직업이긴 하나 취미생활의 연장으로 생활을 즐기는 방법이 조금쯤은 따라야 한다. 이런 이라면 나중에 직업과 취미의 생활이 둘이 아닌 것이 될 것이다.

돋보기를 햇볕에 갖다 대었을 때에 촛점이 모아져서 금세 바닥의 종이가 타들어가는 모습을 볼 수 있다. 정신의 집중도 이와 마찬가지다.

이렇게 한 생각이 되도록 마음을 닦아가는 데에는 약간의 재미가 따라가야 한다. 없는 재미라도 만들어야 한다.

일을 하고 싶을 때에만 한다면 일을 하는 이가 퍽 드물 것이다. 하고 싶지 않을 때에도 마음을 일으켜서 재미있는 시간이 되도록 해야 한다. 흩어진 마음이 통일되도록 노력하는 것이다.

법구경에서 부처님은 이렇게 말씀하셨다.

깊은 못은 맑고 고요해

물결이 흐리지 않는 것처럼
어진 사람은 진리를 듣고
마음이 저절로 깨끗해진다.

깊은 못의 물이 맑고 깨끗하듯 마음도 이와 같이 안정되어야 한다. 안정을 잃고 허둥대는 이들은 스스로 백 가지의 병을 불러 일으키는 것이다. 나날이 바쁜 생활을 하다 보니 '빨리, 빨리'란 말을 입버릇처럼 하면서 서두르는 이가 참 많다. 사무실에서도 그렇고, 가게에서도 그렇다.

운전대를 잡게 되면 역시 빵빵거리며 먼저 앞서 가려고 야단들이다. 마음이 산란한 이들일수록 이렇게 야단법석이다. 보다 차분히 마음을 먹기 위해서는 일을 당할 때마다 깊은 심호흡을 한두 차례 해볼 필요가 있다.

심호흡은 놀랍게도 산란한 마음의 묘약이 될 것이다.

토요일의 지혜

육바라밀 중 여섯 번째는 지혜다. 지혜란 보편적인 삶의 진리에 대해 눈을 뜬다는 말이다.

살아가는 데 그렇게 많은 지식과 학문이 필요할까?

오히려 단순히 몇 마디의 말로써도 충분하다고 본다. 예를 든다면 '거짓말을 하지 말라.' 하는 이 말을 어렸을 적부터 잘 지킨다면 따로 많은 교훈적인 말이 필요치 않다. 결국은 거듭 반복해서 정직을 강조하고 설명하는 데에 불과하다.

고도의 지적인 철학이나 현실과는 동떨어진 이론에만 매달려서
몸소 체험하는 일을 등진다면, 이는 마치 물 속에 비친 달을 건지
려고 덤비는 원숭이의 어리석음과 다를 바 없다.

이제 입시철이 가까와 오고 있다.

엊그제 고3병으로 고생하는 학생들의 이야기를 들었다. 심한
경우에는 마음의 안정을 잃고 책만 무의식적으로 집어들면서 멍
해 있다는 것이다. 고3병은 모두가 시험위주 교육의 잘못이며, 사
회와 부모는 그 책임이 아주 크다고 본다.

참선하는 방법 역시 아무리 잘 안다고 하더라도 결국은 이론에
불과할 뿐이다. 분명한 것은 많이 아는 데에 있기 보다 매일 조금
씩 실천하는 데에 뜻을 두어야 할 것이다.

부처님은 법구경에서 번뇌를 끊는 수행에 대해 이렇게 말씀하
셨다.

범부로서 맛보기 어려운
해탈의 기쁨을 나는 얻었노라.
그러나 그것은 계를 지키는 일이나 서원에 의해서
또는 박식에 의해서도 아니다.

혹은 명상에 잠겨 있더라도
홀로 누워 있더라도 얻기 어렵다.
그러니 수행하는 이들이여 방심하지 말라.
번뇌가 다 끊어지기 전에는.

좌선의 자세

앉는 자세

앉을 때에는 크고 작은 방석이 두 개가 필요하다. 작은 하나는 반쯤 접어서 엉덩이 밑에 까는 방석으로 쓴다. 보통 우리가 앉는 자세에는 꿇어 앉기, 책상다리 앉기, 결가부좌와 반가부좌 등이 있다.

꿇어 앉기에는 잠시 동안 꿇어 앉을 때에 왼편 엄지발가락을 오른편 엄지발가락 위로 포개서 앉는 경우와 오랫동안 꿇어 앉을 때에 왼편 발바닥을 오른편 발바닥 위로 포개서 앉는 경우 등 두 가지 방법이 있다.

책상다리 앉기는 절에서 앉는 자세가 아니고 일반 마을 집에서 두 다리를 포개고 앉는 자세다.

좌선의 자세에서는 결가부좌나 반가부좌를 쓰고 있다.

결가부좌는 오른발을 접어서 왼발 넓적다리 위에 바짝 당겨서 올려놓은 다음 왼발을 오른발 위로 포개서 접어 올려 놓는다. 이 때 발바닥 부분이 몸 밖으로 나가지 않고 넓적다리 안쪽으로 가게 하며, 발꿈치가 허리띠에 닿도록 바짝 조이고, 위에서 두 발이 포개어진 상태를 내려다 보았을 때에 무릎에서 발목까지 맞닿은 부분이 X자로 확실하게 드러날수록 좋다. 마치 기둥을 세운 집에서 기둥과 기둥 사이에 X자로 포개어진 버팀목처럼 든든한 역할을 한다.

반가부좌는 왼발을 오른발 넓적다리 위에 포개어 올려놓기만 하는데 가장 많이 쓰는 자세다. 중요한 것은 각자 나름대로 편하게 앉는 요령이 필요하다. 반가부좌에서 다시 왼발은 앞으로 내려서 앉는 자세가 있다. 운문사 대웅전 부처님이나 남방의 여러 절 부처님의 자세에서 그 예를 찾아볼 수가 있다. 자세에 지나치게 매여서는 안 된다.

손

손 모양은 발의 순서와 같이 먼저 오른손을 발 위에 가볍게 올려놓은 다음 왼손을 오른손 바닥 위에 포개어 올려 놓고 두 엄지손가락을 세우고 두 엄지손가락의 끝이 서로 닿을듯 말듯한 상태로 하면 둥그런 모습이 된다.

이때 두 새끼손가락 부분은 아랫배와 닿는다.

눈

먼저 정면을 바라보다가 윗 눈꺼풀만 감기지 않을 정도로 많이 내려 뜨린다. 일부러 실눈의 모양을 갖추기 위하여 가늘게 뜨지 않아도 된다. 이와같이 시선을 아래로 내려뜨리면 무난하다.

코끝이 보일락 말락하는 정도가 될 것이다.

시선은 지도나 사전을 찾아보듯이 밖으로 내보내지 않는다. 다만 눈을 약간 뜨고 있을 뿐이다.

균형잡기

몸을 죄우로 시계추처럼 가볍게 두어 차례로 움직인다. 어느 편으로도 기울지 않도록 한다, 다시 몸을 깊숙히 앞으로 숙인다.

몸을 위로 세울 때에는 다음과 같은 요령이 필요하다.

머리를 그대로 들어 올리되 서른세 개의 등뼈 마디 하나하나를 세면서 곧게 세우듯이 정성스럽게 한다.

그 다음 몸이 곧게 세워지면 다시 35°~40°쯤 앞으로 숙여서 앞서 해온 요령처럼 천천히 몸을 들어올려 세운다.

몸이 바로 서면 귀와 어깨, 코와 배꼽이 수직이 된다.

앉는 자세가 편안해지도록 곧추세워진 긴장을 약간 풀도록 한다. 지나치게 곧바로 몸을 세우면 피로가 쉽게 온다.

호흡

들숨은 빠르고 짧고 굵으며, 날숨은 느리고 길고 부드럽다. 호흡에는 단전호흡과 복식호흡이 있다.

단전호흡은 태식(胎息)으로 뱃속의 어린아이가 호흡하듯, 들숨에 아랫배가 볼록 나오고 날숨에 윗배가 볼록 나온다. 보통 호흡과는 반대 현상이다.

복식호흡과 단전호흡의 차이는 다음과 같다.

호흡의 방식에는 차이가 없다. 의식의 집중이 단전에 있을 때에 단전호흡이고 그렇지 않으면 복식호흡이다.

단전의 위치는 배꼽 아래 3~5cm 주위로 어림짐작한다. 사람의 체형에 따라 달라서 일률적으로 말할 수는 없다.

단전은 고농축 에너지 센터로서 몸 속의 기가 모였다가 흩어지
는 중간 지점으로 보고 있다. 단전에 아주 힘이 빠져 있을 때에는
기의 작용도 제대로 할 수 없기 때문에 단전의 의식 집중은 매우
중요하다.

그러나 스승에 따라서는 단전호흡은 필수적으로 주장하는 이가
있는가 하면, 단지 보통 호흡을 하는 가운데서 화두의 의단(疑團)
만을 간절히 들도록 하는 이가 있다.

단전호흡을 말하지 않고 화두 의단만을 강조하는 이는, "화두
의단이 깊어질 때 단전호흡은 자연히 이루어진다. 처음부터 번거
롭게 단전호흡을 하려고 애쓰지 않아도 된다."고 한다.

위의 주장은 사실과 일치한 말이다. 각기 가풍(家風)에 따라 좋
다고 생각되는 가르침을 따르면 될 것이다.

좌선 중 혼침이 올 때 깨어나기 위하여 가슴을 열고 깊이 심호
흡을 두어 차례하는 이유도 같은 이치다.

먹는 일

좌선을 하는 기간 중에는 몸을 고르게 갖는 조신(調身)이 절실
히 요구된다. 왜냐하면 심신일여(心身一如)로서 마음공부 자체가
몸을 다스리는 일이기 때문이다.

특히 먹고 자고 하는 일을 잘 조절할 필요가 있다. 지나치게 많
아서는 안되고 그렇다고 너무 인색해서도 안되는 조신은 수행정
진의 열쇠라고 해도 좋을 것이다.

예컨대, 몸이 몹시 고단해도 공부에 좋지 않고 몸이 느긋하게

늘어져도 역시 좋지 않다. 또한 많이 먹어서 배가 잔뜩 부르다거나 배가 고파서 죽을 지경이 되어도 마찬가지다. 몸이 어느 한쪽으로 치우치치 않고 조화를 이루도록 해야 한다.

아주 단식을 하지 않고 단 몇 숟갈이라도 좋으니 끼니 때마다 먹는 일이 필요하다. 이상적인 식사의 양은 자기 정량의 7, 8할이라고 한다.

한 조실 스님의 가르침이 있다. 하루 한끼만 먹고 하루 공부를 하겠다는 수좌에게, "그건 안돼. 한끼에 세 그릇을 먹으려고 하는 처사야! 그러지 말고 한 그릇의 양을 세 때로 나눠서 먹어!" 하였다.

먹는 일에 대해서 재미있는 이야기가 있다. 요즘처럼 뷔페식으로 음식을 배불리 먹기를 즐기는 이가 늘어가는 때에 좋은 교훈이 될 것이다.

마흔 살쯤 되는 사람이 있었다. 그는 이상하게도 풀뿌리나 나무 열매 등 새나 짐승이 먹는 것을 먹고 지냈다. 사람이 먹는 좋은 음식은 조금도 먹지 않았다.

주위 사람들에게 들려준 그의 기막힌 과거 이야기가 있다.

"지난 날에는 좋은 음식을 욕심껏 많이 먹고 지냈지요."

이렇게 이야기를 시작하였다.

마흔 살이 다 될 무렵의 일이다. 위장병에 시달리다가 저승세계로 가게 되었을 때였다. 이때 염라대왕은, "넌, 욕심이 지독하게 많았어. 네가 80평생 먹을 음식을 벌써 다 먹어치웠지. 네가 오늘 죽어서 여기에 온 까닭은 바로 이 때문이다. 네 목숨이 아까워도 이젠 할 수 없어." 라고 일러 주었다.

그는 귀가 번쩍 띄어서 염라대왕에게 매달리듯이 애원했다.

"아, 예. 전 욕심이 많았습니다. 헌데, 이번만 기회를 주시오. 사람이 먹는 음식을 절대로 먹지 않고 80살까지 살아가겠습니다."

이리하여 그를 측은히 여긴 염라대왕은 인간세상으로 되돌려 보내었다고 한다.

현대 의학에서도 한 사람의 위의 수축운동 수효는 일생 동안 대개 정해져 있다고 한다. 음식을 많이 먹었을 때에 위의 수축운동이 늘어나서 위의 수명이 그만큼 짧아진다는 사실은 앞의 이야기와 통하는 바가 있다.

혀

혀는 반드시 위로 구부러져 입천장에 바짝 붙인다. 말을 할 때와 음식을 씹을 때 외에는 항상 이 모습을 유지한다.

소화에 좋고 무엇보다 기의 흐름이 순조로와지기 때문에 옛사람은 혀 구부리기를 권하였다. 혀를 구부렸을 때에 침이 입 안에 가득 고이면 오래 참았다가 한꺼번에 삼킨다. 조금씩 자주 삼키는 일이 없도록 한다.

용맹심이 일어나는 데에도 혀를 구부리는 일과 무관치 않다. 하여간 좌선 중에는 혀의 구부린 모양새를 풀지 않는다. 혀를 구부림으로 해서 세 가지 이득이 있다. 소화가 잘 되고 묵언이 되고 용맹심이 일어나는 일이다.

발

 발을 그냥 꼬아서 힘없이 앉아 있으면 안된다. 적어도 엄지발가락 등 하체에 힘이 빠진다면 재미가 적다.

 이와 반대로 허리띠를 중심으로 상체에 힘이 들어 간다면 상기 (上起:피가 머리로 집중되어 띵한 상태)가 오기 쉽다. 더운 기운은 하체로 내리고 찬 기운은 상체로 올려야 건강이 좋다.

 수상화하(水上火下)로서 찬 물은 위로, 더운 불길은 아래로 가게 해야 몸의 조화를 이룬다.

 좌선하는 공부인은 살펴서 지킬 일이다.

항문 조임 운동

 좌선 중에 몸에 힘이 빠지거나 정신이 흐려질 때에 항문 조임 운동으로 큰 효과를 볼 수가 있다. 마치 주머니를 바짝 짜내듯이 하나, 둘, 셋 하고 항문 조임 운동을 두어 차례한다. 단전호흡에도 도움이 됨은 물론이다.

 평소 들숨에 항문을 조이고 날숨에 항문을 풀고 하는 건 어렵지 않다. 또 엄지 발가락을 들숨에 구부리고 날숨에 풀고 해도 항문 조임 운동에 도움이 된다.

삼대심(三大心)

 크게 분한 마음〔大憤心〕을 내고, 크게 의심〔大疑心〕을 내고, 크게 믿음〔大信心〕을 내어 발심하는 방법이다.

 부처님도 우리와 같은 범부중생이었으나, 도를 이루어서 대자유인이 되셨으니 어찌 '나'라고 이루지 못할 것인가.

스스로 분한 마음을 일으켜야 공부가 시작된다.

다음으로 크게 의심한 사람에게는 반드시 큰 깨달음이 있다고 하였다. 이 공부는 '이뭣고?'로서 나의 몸뚱이를 끌고 다니는 주인공을 철저하게 의심하는 데서 시작된다.

믿는 마음이 없이는 뜻을 이루지 못한다. '이뭣고?' 하는 공부에 추호의 의심이 붙어서는 안된다. 천하종사(天下宗師)가 다 이 길에서 대자유, 해탈을 얻었음을 바로 믿어야 한다.

공부 도중에 나태해질 때에는 스스로 삼대심(三大心)을 잡아 일으켜서 바른 정진의 길에 들어서야 한다.

삼조심(三調心)

조신(調身), 조심(調心), 조식(調息)으로 조절하는 요령이 필요하다. 초심자는 지나치게 서둘러서 삼대심(三大心)에 기우는 게 병이고, 구참자는 너무 느긋해져서 삼조심(三調心)에 떨어지는 폐단이 있다. 무엇이고 지나치면 독(毒)을 이룬다. 중도(中道)는 공부하는 과정에서 지켜야 할 요건이다.

기본 교과서의 틀이 있다고 하더라도 이건 어디까지나 표준을 말하는 정도로 보아 넘기고 제 처지, 능력, 분수에 따라 강약 조절을 취할 일이다.

열흘 간의 덕림사

1992년 3월 7일 (토)

하야시 상 모녀 일행과 함께 비행기로 서울을 떠나 오사까 공항에 도착한 시간은 낮 12시 40분 경, 하야시 상은 2년 전에 인도 네팔 등지에서 만난 적이 있는 구면의 친지인데 이번 한국 방문은 효도 관광차 그녀의 어머니(67세)에게 인도 성지순례를 시켜 드리고 귀국하는 길에 송광사를 들렀다고 한다. 하야시 상은 40대의 탱화불화가 불모(佛母)다. 오사까 공항 – 호따루 가이게 – 오사까 – 신오사까 – 나고야 – 후미시 – 우에다에 와서 목적지인 아이오이야마 도구린지(德林寺)에 닿은 시간은 밤 6시 경이었다.

주지 다까오까 상 등의 푸근한 인정에 마음이 푹 놓인다. 인도 식으로 차린 저녁식사를 아홉 사람이 화기애애하게 웃으면서 먹었다. 주지스님 한 분 외에 미국인 청년, 젊은 일본인 내외, 남학생, 하야시 상, 주지스님의 부인과 그의 세살박이 아들 잉구 등이다.

《보조전서》와 한국 녹차 등을 주지 다까오까 상께 드렸다. 송광사 안내책과 송광사 달력을 보고 모두 좋아하였다. 대부분이 인도, 네팔을 다녀온 적이 있어서 특별히 준비한 인도식 식사를 하고 내가 가져온 한국 녹차를 마신 뒤 뒤켠 다다미 방으로 안내되어 여장을 풀었다. 이 곳 덕림사의 다사로운 손님대접에 전혀 나그네 느낌이 들지 않는다. 오늘 일들이 모두 꿈만 같다.

어젯밤 춘매화는 눈빛으로 빛났는데
절 아랫마을 철야 밝은 나고야여
한 나그네 다심한 줄 알았는지 몰랐는지
다만 마음 속에 일어나는 물결을 보고져.

昨夜春梅　雪白輝
名古屋市　長燈兮
一客多心　知不知
但着心中　波浪海

1992년 3월 8일 (일)

저녁 무렵에 반가운 두 분을 만났다.

이나바 상(62세)은 인도 성지순례 중에 하야시 상과 네팔 비구니 수자타 등과 함께 만났던 이들이다. 언제 기회가 닿을 때에 수자타 스님과 이나바 상이 한국에 방문하겠다고 한다.

이나바 상은 지체부자유 아동의 교육을 맡고 있다고 한다. 오는 3월 13일 저녁공양을 내겠다고 약속하고 덕림사를 떠났다. 아주 반가운 이들이다. 이나바 상 역시 즐거워서 어쩔 줄을 모르는 듯 하였다.

미도리구(綠區) 성당에서 신부 마가사와 상의 저녁 초대가 있었다. 배추김치, 무김치, 갓김치, 무채 등 한국음식을 손수 만들어 주어서 맛있게 먹었다.

마사가와 상은 일본에서 태어난 한국인 교민 2세이다.

식사 후, 차담을 나누면서 그는 다음과 같은 말을 한국말로 해서 큰 충격을 받았다.

- 민족교육이 필요하다.(이질성 극복문제)
- 안심입명처(安心立命處)가 없다.
- 한국에 갔을 때, '반 쪽발이' 취급을 받았다.
- 일본에서는 '조센징'으로 차별대우를 받는다.

이때 나는 김회노 사건을 머리에 떠올렸다. 고뇌하는 교민 2세의 갈등을 피부로 느꼈다. 그들은 스스로를 미워하는 마음이 부글부글 끓고 있다고 한다.

삶을 자유롭게 누리지 못하는 이들이 어찌 이곳 교민 2세뿐이겠는가. 이유가 각기 다를 뿐이다. 고국과 일본 땅에서 어디서나 설 곳이 없는 이의 고충에 가슴이 턱 막히는 듯하다. 나중에 다시 만나기로 하고 밤 10시 무렵 성당을 나왔다. 황민화, 귀속 차별에 동화의식 결여 등으로 제 스스로를 미워하는 교민 2세들이 오래 생각났다.

마사가와 신부님을 알게 된 인연이 특이하다. 내가 머무는 덕림사 주지스님 다까오까 상의 부인은 가톨릭 신자다. 이 부인이 나가는 이웃 미도구리 성당 신부님이 한국인이기 때문에 이런저런 연결로 인연이 닿은 것이다. 다까오까 상의 부인은 일요일마다 성당에 나가 미사 피아노 반주를 맡고 있다. 성당에서 마가사와 상, 다까오까 상 내외, 나 네 명이 함께 저녁식사를 하였다. 한 시

간이 가까이 신의 유무(有無), 불(佛)의 유무에 관한 이야기를 나
누다가 나중에 다까오까 상이 내게 물었다.
 "부처님은 있습니까, 없습니까?"
 나는 필담으로 다음과 같이 대답을 썼다.

만일 부처님이 계신다고 한다면 집착에 떨어지고
만일 부처님이 안 계신다고 한다면 단멸에 떨어진다.
부처님이 계시고 안 계시고는 논외로 한다.
만약 진정 견해를 투철하게 갖고자 한다면
관심을 바꾸어서 일념으로
'어떤 것이 부처인가?' 하고 밀어 붙여야 한다.

若有佛則執着
若無佛則斷滅
有佛無佛 論外也
若欲透得眞正見解
觀心轉換一念着得
 '如何是佛'

 이 글을 보고 다까오까 상이 정색해서 신부님에게 설명해 주었
다. 마가사와 상은 한참동안 내 말을 전해듣고 묵묵히 앉아 있었
다. 덕림사로 돌아와서 성당에서 있었던 이런 이야기를 해 주었
더니 하야시 상이 아주 흔쾌한 표정을 지으면서, "재미있는 토론

이었소." 하고 좋아하였다.

한국 친지들에게 편지와 엽서를 부쳤다. 고마운 이들이 눈앞에 선하다.

1992년 3월 9일 (월)

하야시 상과 출입국 관리사무소에 다녀왔다. 내 초청장에 관한 일로 간 것이다.

오는 길에 일본불교에 관한 책 등을 샀다. 하야시 상이 친절을 다하여 나의 초청에 관한 일을 봐주었고 게다가 책값까지 내었다.

아침은 7시 무렵 주지 다까오까 상이 빵과 차를 내주었고, 점심은 하야시 상이 해주었다. 저녁은 대개 절에서 먹지 않는데 주지는 마을 집(부인이 사는 곳)에서 먹고 다른 이들은 각자 해결한다고 한다.

대충 얻어들은 일본과 일본불교(조동종) 내력을 적어둔다.

■ 일과 (덕림사의 경우)

6:00	기상 좌선	일본 총인구	1억 2천만 명
6:30	독경 예불	나고야 시민	210만 명
7:00	빵과 차	일본불교신도	43%
8:00	작무(作務)	신도 신도	50%
12:00	점심공양	기독교 신도	0.7%
24:00	와선(臥禪)		(1989년에 조사한 종교연감에서)

절에서 출생한 스님의 수효는 95% 정도여서 나이 들어 출가한 이는 5% 정도다. 모두가 스님으로서 부자상속하는 제도로 물림하는 것이다. 덕림사 주지 다까오까 상은 제5세다.

대개가 결혼하나 1% 정도가 독신이다. 비구니도 독신 1% 속에 포함된다.

조동종에는 1만 5천 사찰이 있으며 신도는 670만 명이다.

출가하는 승려가 받는 16계는 재가불자와 동일한 삼귀의계(三歸依戒)와 삼취정계(三聚淨戒), 범망경 십중대계(梵網經十重大戒)다.

수계 내용(출가승 16계)

삼귀의　　　거룩한 부처님께 귀의합니다.

　　　　　　거룩한 가르침에 귀의합니다.

　　　　　　거룩한 스님들께 귀의합니다.

　　　　　　南無歸依佛

　　　　　　南無歸依法

　　　　　　南無歸依僧

삼취정계　　① 율의를 받아들이겠습니다.

　　　　　　② 선법을 받아들이겠습니다.

　　　　　　③ 중생을 받아들이겠습니다.

　　　　　　第一　攝律儀戒

　　　　　　第二　攝善法戒

第三 攝衆生戒

십중 대계 ① 살생하지 않겠습니다.
② 훔치지 않겠습니다.
③ 정한 배우자 외에 삿된 음행을 하지 않겠습니다.
④ 거짓말을 하지 않겠습니다.
⑤ 술을 팔지 않겠습니다.
⑥ 사부대중의 허물을 말하지 않겠습니다.
⑦ 자기를 찬탄하고 남을 헐뜯지 않겠습니다.
⑧ 자기 것을 아끼고자 남을 헐뜯지 않겠습니다.
⑨ 성낸 마음으로 참회를 물리치지 않겠습니다.
⑩ 불법승 삼보를 비방하지 않겠습니다.
第一 不殺生戒
第二 不偸盜戒
第三 不邪淫戒
第四 不妄語戒
第五 不酤酒戒
第六 不說四衆過戒
第七 不自讚毁他戒
第八 不慳惜加毁戒
第九 不瞋心不受悔戒
第十 不謗三寶戒

1992년 3월 10일 (화)

덕림사 대웅전에서 주지 다가오까 상이 아침예불을 올린 뒤에 우리나라식 아침예불을 내게 다시 올리기를 청하여서 그렇게 하였다.

불자는 어느 나라든지 큰 차이가 없어서 부담이 없다.

주불은 태국 부처님 석가모니불이시다. 부처님 진신사리도 모셨다. 법당 좌우 벽에는 남방 테라바다 예불문이 적혀 있다.

다가오까 상의 네팔 생활 10년과 그 밖의 인도, 태국, 스리랑카 등의 생활의 반영으로 생각된다. 대웅전 앞에는 네팔에서 모셔온 사면불(四面佛) 석탑이 사람 키 높이만큼으로 모셔져 있다. 절에서 지내는 하야시 상과 한 일본 청년은 탱화 그리는 화가이고, 미국 청년은 영어 선생님이다. 모두 한 식구처럼 다정하게 지낸다. 아침은 주지 다까오까 상이 네팔식 밀개떡을 구워 주어서 먹었다.

점심은 하야시 상이 흰죽(쌀죽)에 콩나물 반찬을 특이하게 해 주어서 매실 반찬과 함께 먹었다. 매실은 시큼한 맛을 내는데 위장을 맑게 하고 튼튼히 해 준다고 하여 3개를 먹었다. 차는 밀크홍차로 인도식 그대로다. 간혹 북인도 캐시미르와 라닥 이야기를 나누며 그 곳의 아름다운 추억을 되새기곤 한다. 그러고 보니 라닥의 황량한 벌판과 산들, 순수무구한 라닥 주민의 모습은 우리 모두가 그리워하는 대상인 듯하다. 그곳의 맑고 깨끗한 인상이 오랫동안 지워지지 않는다.

삶의 기쁨이 샘솟는 듯하다. 냉수마찰을 시작하였다.

밤에는 다다미 방에서 차게 잔다. 비바람이 오락가락한다.

일본의 성개방에 대하여 몇 마디 적어본다. 산길에서 한 숙녀 인형이 뒹굴어서 숲 속에 치워놓았다. 숙녀 인형은 아주 커서 1m가 훨씬 넘는다. 자동차에 깔린 탓인지 눈과 목 언저리에 부상을 입었다.

아마 인형 고무튜브에 따뜻한 물을 채워서 죽부인처럼 끼고 자는 용도로 쓰이는 것같다. 말로만 듣던 숙녀 인형이다.

일본의 성개방은 대단하여 잡지와 비디오 등 매스컴에서도 거리낌이 없다. 마치 미국의 축소판 같아 보인다. 콜걸들은 잘 찍힌 제 사진과 함께 나이, 신체 등을 자상하게 책자에 소개하여 철저하게 고객을 끌고자 한다. 부끄러워 하기는 커녕 직업의식으로 떳떳하게 봉사하고자 하는게 일본의 콜걸인 듯하다. 성개방의 책자에 보니 '색즉시공(色卽是空)'이라고 하여 색(色)을 가까이 한 뒤에는 반드시 공하다고 하는 말을 쓰고 있다. 반야심경과는 천지차이의 해석이다. 자기대로 해석하는 게 우습다.

나무아미타불의 해석으로, "남쪽에는 아미타불 부처님이 없다."라고 한다는 말을 들었다. 하기는 남쪽에는 남방화주(南方火主)지장보살이 계시고 서방정토에는 아미타불이 계신다.

해인사 일주문 다음에 있는 봉황문(鳳凰門) 현판이 초서로 씌여 있어서 한 촌로가, "풍풍문(風風門)이라 잘 썼다."라고 한 에피소드가 있다.

시골에서 식자(識者)가 든 이 일터인데 봉황문이 그만 풍풍문이 되어 버렸다. 반식자 우환이다.

1992년 3월 11일 (수)

동네 목욕탕이 쉬는 날이어서 목욕을 하지 못하고 시장을 대충 보아 왔다. 내일 낮 점심, 수제비 감이다. 오늘 점심은 하야시 상이 쌀밥에 상추쌈을 준비해 주어서 먹었다. 종일 법당 주위 낙엽을 쓸어 모아서 버렸다. 수챗구멍에 채인 낙엽도 긁어서 버렸다. 내 속이 다 시원해진다.

요즘 주지 다까오까 상은 화단 주변을 정리하는 일을 계속하고 있다. 사람이 참 너그럽고 인자하며 꼼꼼하게 일도 잘한다. 쉰 살의 나이 탓인지 기력은 떨어진 편이다. 서른이 아직 차지 않은 부인과 세살박이 아들이 승용차로 오전, 오후로 다녀간다.

신도들은 아침예불 때부터 자유롭게 어느 때를 가리지 않고 참배 왔다가 떠나간다. 복전함 안에 돈을 넣을 때 보니 동전을 그냥 휙 던져서 넣기도 한다. 문 밖에 서서 법당문을 열고 그렇게 하고서 떠나간다.

오늘 느낀 일본의 인상을 세 가지 적어본다.

첫째는, 대나무가 흔하다. 왕죽이 듬쑥듬쑥 어디에고 잘 자라고 있다. 기후가 따뜻한 탓으로 화초가 무성하다. 대로 만든 물건도 꽤 쓸만한 게 많다. 견고하고 멋있다. 가지런한 대 울타리도 일본의 한 풍물이다. 일본 사람의 대쪽같은 성품도 다 환경과 깊은 관련이 있을 듯하다.

둘째는, 상냥한 인사가 생활화되어 있다. 참으로 일본 사람들은 인사성이 밝다. '고맙습니다'를 수없이 많이 한다. 본받을 만한 일이다. 특히 여성들의 상냥한 말씨는 세계 어느 여성 못지 않게 아름답다고 느껴진다.

셋째는, 자동차 핸들 위치가 우리와는 반대로 오른쪽에 있어 자동차는 좌측통행한다. 자칫하다가는 혼동이 되어 버스를 잘못 탈 뻔하기도 한다. 일본에서 오래 살다가 온 사람이 술을 마시고 한국에서 운전할 때 좌측통행으로 착각하고 운전을 하였다가 교통사고를 낸 적이 있다고 한다. 가장 가까운 나라 일본이지만 얼른 이해하기 어려운 일들이 많다.

1992년 3월 12일 (목)

내가 수제비를 만들어서 점심 대중공양을 하였다. 동참자는 주지 다까오까 상 내외와 꼬마 잉구 군, 미도리구 성당 마사가와 상, 하야시 상, 그외 일본인 세 사람 등 아홉 사람이다.

수제비를 특이하게 잘 만드는 방법도 가르쳐 주었다.

밀가루 반죽에 콩물(반숙)이나 들깨기름, 들깨 찧은 물 등을 섞는다. 수제비가 거의 익어갈 무렵 또 들깨 찧은 물을 붓는다.

반찬은 찐 감자, 녹두나물, 두부, 그리고 고추를 된장에 찍어 먹었다. 모두들 맛있게 먹어서 두 개의 큰 냄비가 다 비워졌다.

버섯을 손으로 찢어서 기름에 볶았는데 이때 제대로 솜씨가 발휘된 모양으로 수제비 국물을 괜찮았다. 조선 간장이 아닌 일본 간장으로 간을 맞추어서 싱거웠으나 다들 좋아하였다. 일본 음식은 하나같이 싱겁다.

고추장을 먹여서 닭싸움을 시켰을 때에 닭이 잘 싸운다는 이야기, 여름에 고추장 비빔밥을 먹고 일꾼이 힘을 잘 쓴다는 이야기

등을 해 주었더니 모두들 감탄하였다.

후식은 망고와 한국 녹차로 하였다.

나그네는 의식주 해결에 신경을 쓸 수가 없다. 불편하지만 참고 대충대충 넘어가는 것이다. 빨래도 그렇고 목욕도 그렇다. 하고 싶다고 하더라도 형편이 닿지 않을 때에는 참을 수밖에 없다.

오늘 저녁에는 버스 정류장 두 군데를 지나서 있는 목욕탕에 다녀왔다. 값이 300엔(약 1500원)이고 목욕시간은 오후 5시부터 11시까지다. 낮에는 목욕탕 문을 열지 않아서 헛걸음하였다. 시설은 우리나라 목욕탕보다 떨어지고 목욕수건도 없어서 새 걸로 사서 썼다.

옷장 문은 투명한 유리문으로 벗어놓은 옷가지가 훤히 내다보이도록 되어 있다. 그래서 벗은 옷을 더 정성스럽게 개어 놓았다.

목욕탕에서 개운하게 삭발도 하였다.

돌아오는 길에 슈퍼마켓에 들려서 우유 한 병을 사서 마시고 한참 동안 구경을 하였다. 여러 가지 김치를 만들어 놓고 작은 접시에 담아 시식을 하도록 되어 있어서 조금씩 맛을 보았다. 붉은 고추를 잘 쓰지 않으나 맛이 담백하여 좋았다.

절 반찬으로 개발할 필요가 있어서 김치 시식을 군데군데 여러 곳에서 해 보았다. 또 차도구 안에 부착시키는 차 걸름주머니는 엄지손가락 골무만큼한 크기이나 퍽 실용성이 높아 보인다. 차를 따를 때에 따로 차걸름 도구가 필요없고 차 찌꺼기를 비울 때에도 손쉽게 할 수 있는 이점이 있다.

1992년 3월 13일 (금)

꽃축제 포스터 150여 장을 그렸다. 양력 4월 8일이 부처님 오신 날이다.

4월 1일부터 8일까지 여러 가지 행사를 한다는 내용을 수채화 물감과 먹으로 그렸다. 종이는 맥주 선전 포스터로 거의 전라의 여자들이 맥주컵을 들고 있는 선정적인 모습이다.

주지 다까오까 상이, "이 그림 뒤에 부처님 오신 날 축제 포스터를 그려요. 그림의 여자 모습이 안 좋으니 두 장씩 겹쳐서 풀로 붙여서 그립시다." 하였다.

그러나 포스터는 두 장을 겹쳐서 붙이는 일은 생략하고 그냥 그대로 쓰기로 하였다.

붉은 색으로 크게 제목 쓰는 일이 내게 맡겨졌다.

'花まつり'를 하루종일 썼다.

주지 다까오까 상은 녹색으로 날짜와 '相生山德林寺'를 쓰고 하야시 상은 가운데 부처님 그림을 그렸다.

점심 때쯤 미국인 청년 다구(22세) 상이 도와 주었고, 오후에는 이시다(30세) 상이 하야시 상과 함께 가운데 그림을 그렸다.

가운데 그림은 손이 딸려서 더디었다. 하야시 상 등이 권해서 나는 포스터 가운데에 좌불을 그리는 일을 하였다. 나중에는 모두 내게 맡겨서 나머지 모두를 그렸다. 밤 9시 무렵 우동을 삶아 먹었다.

하야시 상과 이시다 상은 탱화 화가인데 내 그림을 보고, "단순해서 좋다." 하였다.

축제 내용에는 네팔 불교의 소개가 들어 있다.

춤, 다도, 좌선 등과 함께 네팔 불교의 소개는 특이하다. 그리고 보니 포스터를 그린 이 모두가 네팔, 인도 등 성지순례를 마친 이들이다. 주지 다까오까 상은 네팔 불교에 매료되어 차와 음식마저도 네팔 식을 좋아한다.

오늘 느낀 일본 사람의 풍습을 몇 가지 적어둔다.

기와 용마루를 철사로 묶어 놓아 강한 바람을 막고자 한다. 여름바람이 거센 모양이다.

무릎을 꿇는 일이 많다. 차를 마시고 식사를 할 때에는 무릎을 꿇는 단정한 자세를 갖춘다.

어린아이 때부터 무릎을 꿇고 앉아서, "고맙습니다." 하는 예절을 가르치기 때문에 인사성이 밝은 건지도 모른다.

말끝마다, "예" 하고 즉시 대답을 한다.

그냥 멀거니 듣고 있는 시늉을 짓는 법이 없다.

"네, 알았습니다."

하고 분명하게 의사를 표시하는 건 좋은 점이다.

포스터를 그릴 때에 한국에 선(禪)을 누가 최초로 전했는지 물어서, "AD 650년 법랑(法郎)선사가 최초로 선(禪)을 전하였고 그 뒤로 9세기경의 도의(道義)선사입니다." 하고 대답해 주었다.

주지 다까오까 상은 과거 7불부터 전등록 족보가 적힌 조동종 법맥의 책을 읽기 때문에 우리에게는 약간 생소하다. 이 곳은 스승의 법명을 쭉 독송하는 일이 특이하다.

1992년 3월 14일 (토)

포스터 그리기를 계속했다. 대략 150장쯤 그렸다. 나그네가 일거리에 매달려서 지낸다는 게 얼마나 즐거운 일인가. 나그네가 되어 보아야 나그네 심정을 속속들이 안다.

'사흘 나그네' 이듯이 사흘이 지나면 나그네 처신이 불안해진다. 이럴 때에 적당한 일거리가 생겨서 다행이다.

저녁은 이나바 상(62세)이 일식 전문점으로 안내했다.

음식이 너무 조금 나오는 게 흠이다. 값은 엄청나게 비싸서 서민은 엄두도 내기 어려운 곳이라고 한다.

카메라 한 대(대만제)도 선물 받았다. 인도에서 만난 인연으로 인정이 다사롭다. 이나바 상은 잡지에 자주 기고하는가 보다. 다정다감한 분이다. 시장에 들러 녹차를 사왔다. 종류가 많고 값이 저렴하여 살 만하다.

1992년 3월 15일 (일)

비가 왔다.

점심공양을 하야시 상, 그의 어머니와 함께 사카에 있는 유명한 야마모토야 식당에서 전통 일본 우동을 먹었다.

손님이 많아서 길게 줄을 서서 15분쯤 기다리고 있어야 자리가 나왔다. 음식이 담백하고 맛이 있었다.

우동, 쌀밥, 반찬 등의 고운 색깔이 눈에 띄었다. 음식을 맛보기 전에 먼저 아름답게 보인다. 한 사람 식대가 1,350엔이다. 녹차가 숭늉 대신으로 나오는 게 특징이다. 하야시 상의 어머니는 내게 아주 귀한 녹차 한 통을 선물하였다.

대개 수퍼마켓에서 산 녹차는 중품 정도밖에 되지 않는다. 고급 녹차는 녹차 전문점에서 잘 골라야 한다. 녹차의 종류가 하도 많아서 처음에는 어리둥절했다. 귀한 녹차는 여기서도 흔치 않다.

저녁에는 58세의 화가 이또 아끼라 상과 이야기하면서 흰떡을 구워 김에 싸먹었다. 수퍼마켓에서는 말린 흰 떡을 팔고 있다. 이또 아끼라 상은 내게 그가 지은 책《나라의 감나무》란 그림동화책을 주었다. '나라'는 그가 사는 동네 이름이다.

'한국사찰 순례화보'란 책을 내고 싶어한다. 조선시대의 민화에 심취되었고 송광사 석정(石鼎)스님의 선화를 아주 좋아하는 이또 아끼라 상은 석정스님에 대해 자세히 물었다.

약 5년 간 인도에서 미술공부를 익힌 이또 아끼라 상은 이번 부처님 오신 날 축제 '하나 마쓰리' 바자회에 인도에서 그린 그림 4점을 족자로 표구하여 내놓을 예정이다.

그림 하나는 인도 남자가 '바타사'란 김칫국물 비슷한 냉차를 튀김과자 컵에 파는 모습이다. 기억이 아주 새롭다. 나도 인도에서 1루피에 4개씩 주는 바타사를 자주 사먹었다.

1992년 3월 16일 (월)

눈에 익은 아이오이야마다. 마을 목욕탕에 나가 만나는 낯익은 이들도 있다, 어디가나 고향이기 마련이다. 이제 떠나려고 하니 섭섭하다. 낮에는 하야시 상이 쌀밥에 맛있는 반찬을 차려주었다. 하야시 상이 덕림사의 원주인 걸 이제야 알았다. 46세로 혼자

탱화공부를 하며 지낸다.

하야시 상은 머리를 땋아서 길게 늘어뜨렸다. 모든 게 티벳 사람을 닮았다. 탱화에서부터 음식, 머리 모양까지 닮았다.

다음 기회에 내가 일본 선원에 공부하러 올 때 후원자가 될 것이라고 주지 다까오까 상이 설명한다.

인도 성지순례 인연으로 좋은 기회가 생기는 것 같다.

오후 5시부터 밤 11시까지 목욕탕 문을 여는 이유는 간단하다. 낮에는 모두 일 나가서 바쁘기 때문이다. 이 동네가 퍽 부유해 보이는 데도 그렇다. 우리나라는 다방, 술집, 사우나탕의 대낮 출입이 잦은 곳으로 세계에 그 유래가 없지 않을까. 목욕을 하고 삭발을 개운히 하였다. 세탁도 하고 떠날 준비를 대충 마쳤다.

하나 마쓰리 바자회에 내 그림 3점을 내놓았다. 저녁식사는 우동으로 나의 출발 파티를 겸하여 가졌다. 주지 부인도 절에 와서 같이 저녁을 먹었다.

1992년 3월 17일 (화) - 아침

《아웃 오브 아프리카》영화 장면을 한참 꿈꾸다 아침 잠이 깨었다. 6시 15분 전이다.

어제 하야시 상이 세탁기에 넣어 빨래해 준 승복 동방을 빨래줄에서 걷어와 입고 양치질을 하였다. 아주 개운하다.

수각 주위에는 싸리꽃이 오늘 처음으로 흰 눈송이처럼 피었다.

봄날 정원의 동백꽃도 노란 밀감 열매와 함께 여전할 터이지만 내 눈에는 흰 눈송이 같은 싸리꽃이 신비롭게 가득 할 뿐이다. 이

꽃을 보는 순간 축제 기분에 잠겼다.

어제 온 비에 촉촉히 젖었다가 흰 눈송이 같은 싸리꽃망울이 밤새 터져 바야흐로 피어나고 있는 것이다. 갑자기 기쁨의 물결이 파도처럼 내 속으로 밀려오는 듯하다.

6시부터 30분 동안 법당 좌선 시간이다. 그 후에 아침 예불이 있다.

어제 저녁에 주지 다까오까 상은 내일 아침 예불을 사정상 못 나온다며 작별 인사를 하고 떠났으니 나와 이또 아끼라 상이 할 참이다. 이또 아끼라 상은 '하나 마쓰리' 준비위원으로 신도 수작 작품전과 다구 전시전 등을 맡고 있다.

숲에서는 뻐꾸기의 노랫소리가 들려온다.

"뻐어국국, 뻐어국국,……."

이제 우리말 예불을 하기 위해 법당까지 들어가야지.

뻐꾸기 노랫소리도 한결 흥겹다.

1992년 3월 17일 (화) - 저녁

오사카에서 오후 3시 40분에 출발한 비행기가 1시간 20분만에 김포공항에 닿았다.

서울은 비가 조금씩 내리고 있었다.

택시를 기다리는 동안 열흘간 지낸 나고야 덕림사의 인상이 강하게 남아 있어 전혀 귀국했다는 실감이 들지 않았다. 오히려 내가 낯선 이국에서 차를 기다리는 양 느껴지는 까닭은 무엇 때문일까?

퇴근 시간인데다가 비까지 내린 탓인지 시내에 접어든 택시는 기어가다시피 하였다.

떠날 때 엔화로 환전한 돈이 5만 엔이었는데 김포공항에 내려서 지갑을 열어보니 3만 엔이 아직 남아 있다. 차와 책 서너 권을 산 것뿐이고 모든 경비를 하야시 상 모녀의 보시로 이루어졌다.

일본을 보는 시각으로 재일교포 사학자 김정미 씨가 지적한 내용에 공감한다.

과거 일본이 저지른 침략 전쟁을 오늘에 와서 반성하는 데에는 까닭이 있다.

스스로 일으킨 부당한 침략 전쟁이 있었기 때문에 반성하는 것이 아니고 침략 전쟁에서 패배하기 때문에 반성한 것이다.

일본은 조선을 식민지화 하여 수탈하였고 8 · 15이후에는 한국전쟁 6 · 25를 통해 경제적으로 부흥한 나라다.

일본의 경제 부흥 앞에는 반드시 한국이 전제되어야 한다.

일본을 소개하는 대부분의 책들이 이 두 가지 중요한 내용을 빠뜨리고 있다고 한다.

따라서 이 두 가지 내용을 떼어놓고 일본의 정치, 경제, 사회구조 등을 이야기하는 것은 큰 잘못이라고 한다. 전적으로 공감하는 내용이다.

재(齋)와 제사 2

　지장전에서 모시는 재는 49재, 100재, 천도재 등으로 일반 가정에서 모시는 제사와 분명하게 구별된다.

　재와 제사는 조상 등을 위해 간절한 추모의 뜻으로 일정한 기념일에 친지와 인연 있는 이가 한 자리에 모여 모신다는 점에서는 비슷하지만 내용면에 있어서는 크게 다르다.

　첫째, 재는 '가시오'의 뜻이 있고 제사는 '오시오'의 뜻이 있다. 왜냐하면 왕생극락하도록 이승을 어서 떠나시오, 더 이상 미련을 갖지 마시오 하는 것이 재이고, 추모의 정이 모인 곳으로 어서 오셔서 맛있게 드시고, 후손들을 음덕으로 살펴 주시오 하는 것이 제사이기 때문이다.

　둘째, 재는 법식(法式)이고, 제사는 음식 장만을 크게 하는 성찬이다. 아난 존자가 부처님의 가르침을 받들어 적은 공양물로써 두루 영가를 위해 헌식한 것은 법식의 시초이다. 어느 큰스님 회상에서는 지금도 영가 천도재 등에서 매와 갱(밥과 국) 만을 올린다. 떡과 과일은 재(齋)를 모시는 이들이 스스로 올리면 된다. 반찬은 어느 것도 올리는 법이 없다. 올리더라도 간을 하지 않고 찬잔같이 작은 접시에 아주 조금씩 올리면 그만이다.

　영가(靈駕)는 사람과 같이 입으로 씹어서 먹을 수가 없다. 육신이 없어졌기 때문에 다만 생각에 의한 촉식(觸食)이다.

법다이 재를 모시는 방법으로 법문 혹은 무상계(無常戒), 아미타경, 금강경 등 독경과 발원문을 붙여 책을 이웃에게 보시하는 법공양이 있다. 또 이 날을 통해 부처님 법문에 발심 입문(入門)하는 것이 재(齋)의 특징이다.

절을 두 번, 세 번 하는 까닭은?

부처님 전에 올리는 절은 왜 세 번 일까? 그 까닭은 삼보(三寶)에 대한 예를 올리는 것이기 때문이다. 부처님과 부처님의 가르침과 부처님의 교단[승가]이 있음으로 해서 불교가 있으니 이것이 삼보.

불당에는 상·중·하 세 단이 있다. 상단에는 불·보살님을, 중단에는 신중을, 하단에는 영가 위패를 모신다. 이렇듯 각 단마다 모시는 대상은 다르지만 어느 경우나 절은 세 번 올린다.

그렇다면 대덕 스님께 절을 올리는 데에는 몇 번 해야 할까? 관례대로 삼보에 대한 예로써 세 번을 올린다. 그러나 대덕 스님이 "한 번만 하시오."하고 더 하지 않도록 할 때에는 그대로 한 번 절을 올리면 될 것이다.

마을 예법은 어른을 찾아 뵙고 한 차례 절을 올린다. 그러나 마을 제사상 앞에서는 조상님께 두 차례 절을 올린다. 그 이유는 삶은 양수(陽數)로 쳐서 홀수를 취하고, 죽음은 음수(陰數)로 쳐서 짝수를 취하기 때문이다. 어느 경우 큰 예를 갖출때에는 예컨대 여자는 2의 배수인 4를 취해서 영단에 네 차례 절을 올려 정중함을 더하는 것도 이런 까닭이다.

또한 ○○복위(伏爲)는 아랫사람이 웃어른 영에 대해 쓰는 말이고, ○○기부(寄附)는 웃사람이 아랫사람 영가에 대해 쓰는 말이다.

　참고로 108배 절은 108번뇌를 씻기 위함이고. 3,000배 절은 과거 불(佛) 1,000배, 현재 불(佛) 1,000배, 미래 불(佛) 1,000배로 삼세 제불께 예를 올리는 뜻이 있다. 절은 절을 많이 하는 곳이기 때문에 절이라고 한다는 말이 있다. 절은 하심(下心)의 첫걸음인 만큼 기회가 닿는대로 절을 하여 새해부터는 더욱 하심(下心)하는 걸 익히면 좋을 것이다.

향공양

　불당에 들어설 때나 큰스님을 친견하려 할 때에는 향을 공양한다. 특히 큰스님을 친견하려 할 때에는 일본, 중국, 인도, 태국 등 여러 나라에서는 반드시 향을 준비한다. 만일 준비가 안되었을 때에는 시자나 안내하는 이가 향을 마련해 주기도 한다. 향은 다른 여러 공양물 가운데 하나이지만, 예로부터 빠뜨릴 수 없는 소중한 공양물로 여겨 왔기 때문이다.

　부처님 전에 향공양을 하는 방법은 정중하게 향에 불을 붙인 다음, 향불을 끄고 향연기가 피어오를 때를 기다린다. 불이 붙은 향은 똑바로 세워서 정수리에서 입으로, 입에서 다시 가슴으로 세 단계를 거쳐서 향로 가운데에 꽂는다. 이때, 향을 정수리 위치에 올리는 것은 신업(身業)을 뜻하고, 입 위치에 향이 지나치도록 하는 것은 구업(口業)을 뜻한다. 그리고 가슴 위치에서 향이 멈춘 것은 의업(意業)을 뜻한다. 이는 모두 신구의(身口意) 삼업(三業)을 청정하게 맑히겠다는 발원을 담고 하는 향공양 방법이다.

　초기 향의 형태는 고운 '가루' 였다고 한다. 곱게 빻은 향가루를 몸에 바르는가 하면 숯불 위에 향나무 가루를 뿌리는 것으로 향공양을 올렸다. 그러던 것이 차츰 발전해 향을 태우는 방법으로 발전했다. 여기에 향을 만드는 기술이 발달하여 국수가락과 같은 향가락이 개발되어 오늘에 이르렀다.

향가락을 만드는 데에는 두 가지 엇갈리는 문제가 있다. 첫째 난관은 향가루가 엉키도록 하려면 풀을 사용해야 하는 것이고 둘째 문제는 이 풀이 태우는 성질을 방해하는 점이다. 풀과 태우는 일, 이 두 가지가 모순 관계임에도 불구하고 하나의 향 가락 작품으로 나온 것이다.

향은 오늘날에 와서 고급 인조 향료를 섞어서 수요자의 취향에 호응하고 있다. 그러나 자연산 향나무 재질로 만든 향이 옛 그대로 으뜸 향이 아닐까.

거사와 처사

　본시 절에서 남녀 신도를 이르는 말이 '거사(居士)'이다. 남자 신도는 남거사, 여자 신도는 여거사이다.

　그런데 우리나라에서는 불교를 탄압하던 조선시대를 거치면서 여자 신도를 '보살(菩薩)'이라고 따로 부르기 시작했다.

　그럼, 왜 여거사를 보살님이라고 높여 부르게 되었을가.

　스님을 천민처럼 하대(下待)하며 불교를 탄압하던 조선시대 였지만 여자 신도들이 관세음보살이나 지장보살과 같이 지극정성으로 공양을 올려 삼보가 명맥을 이어갈 수 있었다. 그 공덕이 무량하다는 뜻으로 여자 신도들에게는 '보살'이란 칭호가 특별히 붙여졌던 것이다. 또 불명(佛名)도 세 글자로 지어 두 글자인 거사와는 구별하여 쓰는 것도 우리나라의 특징이다.

　이에 비해 '처사(處士)'는 마을에서 쓰는 말로 은거하는, 학덕이 있는 이를 뜻한다. 그리고 '거사'는 보통 남자를 이를 때 주로 쓴다.

　하지만 요즘 절에서는 삼귀의와 오계를 불교 신도로서 받은 이를 '거사'라 하고, 부목이나 야경, 안내 등 절에서 일하는 보통 남자를 '처사'라 부르고 있다. 이렇게 절과 마을에서 쓰는 용어에 차이가 있다.

　절에서 이르는 '거사'란 말 속에는 세 가지 조건이 있다. 첫째는 불교 신도로서 불교에 공부가 많은 이이고, 둘째는 재물로써 삼보에 보시하는 이이며, 셋째는 가정을 가지고 수도생활도 철저히 하는 이이다.

옛날 한 황제는 '거사님' 소리 한 마디를 황제 칭호보다 높게 평가한 예도 있을 정도이다.

절이란?

절을 '절'이라고 하는 데에는 몇가지 뜻이 있다. 첫째는, 절을 많이 하는 곳이기에 절이라고 한다는 말이 있다. 하심(下心)하는 자세를 배우는 수행자는 제 이마를 땅바닥 만큼이나 낮추면서 겸손함을 배운다.

108배, 3천배 등 무수히 절을 많이 올려서 철저하게 자기를 비우는 작업이 그것이다. 절이야말로 절을 많이 하는 곳이라는 법문에는 이의가 있을 수 없다.

둘째는, 신심만 있으면 '절로 저절로' 모든 일이 잘 되어지는 곳이기에 절이라고 한다는 말이 있다. 부처님과 보살님, 신장이 보호해 주시기에 신심 하나만으로도 만가지 어려움을 이겨내고 불사를 원만히 성취할 수 있다는 뜻이다.

셋째는, 어원으로 이희승 님의 《국어대사전》을 따르자면, 절은 중세기 때에 '뎔'이라고 하였다.

신라에 최초로 불법을 전하러 온 아도(阿道)스님이 숨어 지낸 곳은 선산 땅 모례(毛禮)의 집이다. 옛 발음의 모례(毛禮)는 '털례'인데 이 발음이 줄어서 '뎔'→'절'로 변해온 것으로 보는 것이다.

이 추측은 중국에서 최초로 삼보(三寶)를 모신 곳이 '홍로사(鴻臚寺)인 경우와도 같다. 당시 귀빈을 모시는 곳은 외무부 관

서 홍로사였다. 이 이후부터는 절을 지어 사(寺)란 말을 썼다.

이로써 볼 때 삼보를 모신 최초의 관서명 혹은 집 주인의 이름이 사찰의 이름이 된다는 것은 이해할 만하다.

인도에서는 부처님 당시 최초로 생긴 절 이름이 죽림정사(竹林精舍)이다.

'정사(精舍)'는 정미롭게 마음을 닦는 집이란 뜻이며 대숲에 있어서 죽림정사이다.

극락전이 먼저 선 까닭은?

길상사에 왜 극락전이 먼저 섰느냐 하는 건 참배객들의 많은 질문 가운데 하나다. 대웅전이 대개 먼저 세워지는 가람 배치로 볼 때 길상사 극락전은 흔한 경우가 아니다.

1997년 12월 14일, 길상사가 개원한 이후로 끊임없이 이어진 이 궁금증에 대한 답은 다음과 같다.

첫째로는 '왕생극락을 발원하는 원찰(願刹)'이다. 시주자의 여든 살이 넘은 고령의 나이를 생각해 보면, 이해할 만한 말이다. 같은 예로, 송광사의 경우를 든다면 중창불사 전까지만 해도 아담한 원불당(願佛堂) 한 채가 있었다. 이 원불당은 시주자가 부처가 되기를 발원하고 세운 작은 요사채의 당호다.

둘째, 절의 규모가 제대로 잡혀서 안정이 될 때에는 대웅전이 들어서게 될 것이다. 현재로써는 흥청망청 먹고 마시던 요정의 터가 기도도량으로 탈바꿈하는 기초 단계이다. 삼보를 여법히 모실 수 있는 청정한 수도도량으로 바뀌기까지는 보다 긴 시간이 흘러야 할 것 같다.

이로써 볼 때, 길상사를 참배하는 이는 먼저 왕생극락의 원(願)을 세우고 무량광(無量光) 무량수(無量壽) 아미타부처님께 귀의하는 것이다.

참고로, 다른 사찰의 경우를 살펴보자. 보성 천봉산(天鳳山) 대원사(大原寺)는 대웅전이 본래 서 있었으나, 고려 말에 원오국사가 주석하면서 천봉산은 중봉산(中峰山)으로, 대원사는 죽원사(竹原寺)로, 대웅전은 극락전으로 개칭하고, 소박하고 겸손한 이름만큼이나 여법한 수행도량의 가풍을 유지해 나가도록 당부하였다고 하는 이야기가 있다.

그러므로 극락전은 친근하고 소박한 고향 사람처럼 편한 수행자의 귀의처로 보면 크게 어긋나지 않을 것이다.

스님을 대할 때는……

평소 받는 질문 가운데 출가사문에게 실례가 되는 내용들을 가려 뽑았다.

첫째, 출가자의 과거 이력에 관해 질문하는 것이다. 신부님, 수녀님, 원불교 교무님에게도 해당된다. 나이와 성씨, 고향과 학벌을 물어서 세속의 인연 쪽으로 관심을 두는 건 금물이다. 왜냐하면 출가의 길에 나선 수도자는 다시 새롭게 태어난 삶을 살고 있기 때문이다.

둘째, 출가 이후 어느 산중, 어느 문중 스님이냐 하는 질문 역시 실례다. 어느 산중, 어느 큰스님 문중에서 지냈으면 어떤가. 이것 역시 과거 이력과 마찬가지로 불필요한 질문이다. 다만 자기를 소개하면서 웃어른 스님께 첫인사를 올리는 자리에서는 예외다.

셋째, 출가자에게 붙는 관사(冠詞)는 없을수록 고귀하게 빛난다.

부처님 제자로서는 '스님', 이 한 마디가 영예롭다. 운허(耘虛) 스님께서 입적하실 당시 이런 유언을 남기셨다. '대종사'라는 큰 말을 쓰지 말라고 말이다. 요즘 스님들 법명에 수식어처럼 '선사' '대선사' '종사' '대종사'가 붙는데 비해 얼마나 겸손한 유언인지 모른다. '누구누구 스님' 하면 그만큼 당당할 수 있는데도 왜 그렇게 큰 이름 쓰기를 좋아할까.

이 세 번째 질문은 다 《아함경》, 《반야경》, 《법화경》, 《화엄경》
등의 불경(佛經)과 율장(律藏)보다는 선사들의 조사어록(祖師語
錄)을 좋아하여 부처님의 말씀보다는 조사의 법어를 높이 받들어
모신 데서 온 폐단이다. 불자(佛子)는 부처님을 근본으로 삼아서
불자다. 헌데도 불경와 율장을 근본으로 삼고 있지 않으니 바른
불자라고 할 수 있을까.

절반과 한 턱

우리가 흔히 쓰는 말 가운데 불교에서 유래된 것들이 많다. '절반'이란 말도 그렇다. 본래 '절반'이란 말은 불교가 융성했던 신라시대 경주 시내에는 절이 반이고, 민가가 반인 상황을 일컬었던 말이다. 그런데 요즘은 '양쪽이 똑같다'는 의미로 '절반'이란 말이 쓰이고 있다. 우리 생활 속에 불교 용어가 살아 숨쉬고 있음을 실감케 하는 경우다.

'한 턱 내라', '한 턱 얻어먹자' 할 때의 '한 턱'이란 말도 있다. 본디 이 말은 알밤이 많은 지리산 칠불암에서 생긴 말이다.

늦가을 날, 계곡에 지천으로 떨어져 쌓인 알밤을 모으는 데에는 그다지 힘이 들이 않는다. 작대기를 몇 개 걸쳐놓아 흘러내리지 않게 막아두는 것만으로도 충분할 정도다.

칠불암 스님들은 배가 출출하면, "한 턱을 먹지." 하며 알밤을 쪄먹곤 했다.

그때 얼마나 많이 밤을 먹었는지 먹고 난 밤 껍질이 사람 턱 높이 만큼 쌓여 올라오곤 했다. 말 그대로 싫도록 먹은 것이다.

그러던 것이 지금에는 '그냥 잘 얻어먹는다'는 의미로 당초 뜻과는 상관없이 쓰여지고 있는 것이다.

요즘은 왜색 짙은 말이라 잘 사용을 안하지만, '다꾸앙'이란 노란 단무지는 일본의 '다꾸앙(澤庵)' 스님께서 처음 만든 것이다.

검소한 산중 생활에서는 간단한 단무지가 안성맞춤이다. 요즘도
발우공양을 할 때에는 뒷설거지용으로 단무지 한 조각이 꼭 필요
하다.

삼복(三伏)에 대하여

삼복(三伏)이란 무슨 뜻일까! 한여름 무더위를 뜻한다는건 누구라도 짐작할 수 있지만 그 어원을 캐낸다는 건 쉽지 않다.

초복(初伏)은 하지(夏至) 후 제3의 경(庚)의 날이다. 하지는 대개 6월 22일 안팎으로 정해져 있고, 낮과 밤의 길이가 똑같은 날로, 하지가 지나면 입추(立秋)가 오기까지 무덥다고 하는 소서(小暑), 대서(大暑) 두 절기가 있다.

그런데 주(周)나라 때에는 없었다가 진(秦)나라때에 들어서 초복(初伏), 중복(中伏), 말복(末伏) 등 삼복이 처음 생겼다고 사기(史記)에는 적고 있다.

이유는 이러하다. 음력 6월의 심한 더위에는 입추(立秋)의 금(金) 기운도 복장(伏藏)한다는 것이다. 앞에서 말한, 초복의 날을 정할 때에 제3의 경(庚)의 날에서, 이 경(庚) 역시 금(金)을 나타낸다.

봄은 목(木)이고 여름은 화(火)이며 가을은 금(金)이고 겨울은 수(水)이다. 정리하자면, 여름의 마지막 화기(火氣)에 그만 가을의 금이 마치 용광로 속에서 녹아 맥을 못추듯이 모습을 감추었다는 뜻이다.

중복은 초복 후 열흘 째 되는 날이고, 말복은 중복 후 스무날째 되는 날이라고 보면 틀림이 없다. 본래는 하지 후 제4의 경(庚)의

날이 중복이고, 입추 후 첫 경(庚)의 날이 말복으로 계산한다.

　이로써 본다면, 한달 간이 초복에서 말복까지이다. 대개 초복인 7월 17일 전후로 해서 말복인 8월 15일 전후까지 여름 무더위는 기승을 부린다. 광복절 뒤로부터는 가을 기운이 아침 저녁으로 느껴질 정도로 확실히 달라진다.

반보기

8월 추석을 맞아 세시 풍속의 한 가지로 '반보기'라는 것을 소개한다. 언젠가 TV 게임프로에서도 한 번 소개가 되었다.

'반보기'를 한자로 풀어 본다면 노상회견(路上會見)이 된다. 이는 전라북도 지방에서 많이 행해진 풍속으로 오랫동안 만나지 못했던 인척 관계의 부인네들, 특히 안사돈 간에 서로 뵙고자 할 때에 행해졌다.

그들은 미리 어느 날짜를 잡고 양가의 중간쯤에 해당하는 지점에 만나는 장소를 정한다. 산마루도 좋고, 강변 시냇가도 좋다. 노송 아래 혹은 큰 바위도 좋다. 자기 마을에서만 나는 토산품 같은 귀한 선물은 물론 맛난 음식을 서로 싸 가지고 가 함께 먹으며 마음 내키는 대로 담소(談笑)하다가 돌아가는 것이다.

자연 '반보기'가 주로 행해진 계절은 따뜻한 봄날이나 서늘한 가을로 농한기인 8월 중에 대체로 많이 행해졌다.

이런 풍속은 여자는 사위의 집, 며느리의 친정에 가서는 안된다는 일종의 금기에서 나온 것이다. 그러나 '반보기'는 이같은 금기 사항을 깨지 않으면서 오히려 자유롭게, 자연 공간에서 서로 예의에 어긋나지 않도록 양가의 중간되는 거리에서 만났다니 참 재미나다.

또한 약속 장소를 두 사람이 위치한 중간쯤 거리에 두는 풍습,

‘반보기’의 그 마음 씀씀이가 오늘 우리들에게까지도 잘 살아있구나 싶으니 흐뭇하기도 하다.

올 가을에는 전통의 ‘반보기’를 불자님들이 앞장서 실천해 양가의 화목을 도모해보면 어떨까 싶다.

법(法)과 도(道)

불법(佛法)이나 법우(法友)란 말은 '인도 불교'의 입장에서 나온 것이고, 불도(佛道), 도반(道伴)이란 말은 '중국 불교'의 입장에서 나온 것이다.

부처님의 법인 '불법'은 진리를 가리킨다. 말하자면 《반야심경》의 '색즉시공 공즉시색(色卽是空 空卽是色)'과 같은 예를 들 수가 있는데, 반야(般若)는 진리요, 그 내용에 있어서 '색즉시공 공즉시색'이란 말이다.

옹달샘 물위에 뜬 달덩리를 표주막에 떠 담아도 그 달은 없어지지도 않고 그렇다고 늘지도 않는다. 더 분명한 사실은 표주박 안에 담긴 달은 '실체가 없다'는 것이다. 공은 곧 실체가 없다는 말이다. 우리 삶이 번뇌에 쌓여 거짓 삶에 속고 산다는 교훈이다.

이러한 불법이 중국 불교로 옮겨와서는 도(道)로 표현되었고, 도반(道伴)이란 말도 나온 것이다.

도(道)는 중국 문화의 고유한 것으로써 중국인의 체취가 밴 토속 향유(香油)와 같은 것이다.

그래서 선종(禪宗)이 뿌리를 내려 기라성 같은 선사들이 쏟아져 나온 것이다. 말하자면 불법과 도가 만나 선종을 낳은 셈이다.

대웅전(大雄殿)이란 현판도 본래는 인도 자이나교의 교주를 모신 전각의 현판이었다. 우리식이라면 '석가전(釋迦殿)' 정도지요.

그러나 이제는 대웅전도 불교의 용어로 정착되었다.

반면에 장로(長老)란 말은 근본 불교의 주요한 용어였으나 이제는 기독교 용어로 더 많이 쓰인다.

말이란 이렇듯 시대와 사회의 흐름에 따라 많이 쓰는 쪽이 주인임을 알 수가 있다.

신발은 돌려놓지 말아야 한다

왜 스님네의 신발을 거꾸로 돌려놓는가? 이 일에 관해 의문을 갖고 있던 차에, 일제 때 일본 사무라이들의 풍습과 일본 부인이 남편을 위하는 풍습의 영향이라는 얘기를 들었다. 하지만 최근에는 이 일의 유래가 유교적 풍습에서 비롯된 것이라는 사실을 알게 되었다.

우리 나라에서는 두 가지 경우에만 신발을 돌려 놓는다고 한다. 산모가 산실에 들어갈 때와 영가의 신발을 돌려 놓을 때이다.

혹 왕이나 대인을 위해 시종이 신발을 돌려 놓기도 하지만 이것은 직접 신발을 신을 사람이 서 있는 경우였다. 그러므로 당사자가 없는데도 신발을 돌려 놓는다면 그를 죽은 이로 대접하는 것이 된다.

물론 방이나 법당에서 나올 때 신발이 돌려져 있으면 신을 신기는 편할 것이다. 그러나 다시 생각해 보면 반드시 그런 것도 아니다. 왜냐하면 부처님께, 또 방안의 대중들에게 등을 지는 자세로 자신의 뒷모습을 보이며 나와야 하기 때문이다.

신을 신는 자리가 만약 높은 곳이라면 앞이 허해서 불안스럽기도 하다.

그러니 이제는 수고스럽게 웃어른 혹은 손님을 위한다고 신발을 돌려 놓는 일은 하지 말아야 하겠다. 처음 신발을 벗어 놓은 그 상태대로 두는 것이 보기에도 좋고 자연스럽다. 혹시 신발을 닦아 놓는다거나 신발의 주인이 서 있다면 신발을 돌려 놓아줌으로써 인사로 배려해 주는 것은 좋은 일이다. 그 외에 법당 앞이나 공양방 앞 섬돌위의 신들을 돌려 놓는 수고, 이제는 그만 할 때이다. 더이상 아무 생각 없이 관례만 따르는 일은 없어져야 하겠다.

새 천년을 맞는 우리의 자세

새천년의 첫 해가 뜨는 걸 보기 위해서 동쪽 바닷가 호텔로 사람들의 발길이 쏠리고 있는 모양이다. 이즈음의 이런 현상들을 어떻게 보아야 할까?

서양, 특히 영국에서는 3년전부터 새 천년의 해맞이 열풍이 일었다고 들었다. 하지만 해뜨는 시간을 새 천년과 결부시켜서 이야기 한다면 차라리 철야 용맹정진을 하면서 새해를 여는 것이 진정 뜻있는 일일거란 생각이 든다. 아예 잠을 자지 않고 정진을 하면서 맞는 새해. 거기에 해 뜨는 시간쯤 무슨 상관이 있겠는가?

잠을 섣달 그믐날 자지 않아야 한다는 이유도 대체로 송구영신(送舊迎新)의 마음 자세를 보다 경건히 가져보자는 데서 나온 것이지요. 만일 잠을 잤을 때에는 신을 몰래 훔쳐가는 귀신이 있어서 눈썹이 하얗게 센다는 속설이 재미있다. 장난으로 잠을 잔 사람의 눈썹에 하얀 쌀가루나 밀가루를 몰래 뿌려서 잠이 깨면 깜짝 놀라서 하기도 하였다.

하여간 제야(除夜)에 잠을 자지 않고 기도를 하는 시간, 참선을 하거나 경전을 사경(寫經)하거나 독경(讀經)하는 시간을 갖는다면 훌륭한 것이다.

새 천년 아침에 해가 조금이라도 빨리 뜨는 동쪽 바닷가 호텔에서 지낸다는 목적이 다만 호기심에서 비롯되었다거나 사진을 찍

어 후손에게 자랑하기 위한 데에 있는 것이라면 별반 높이 평가
할 일이 못된다.

그런 형식에 좇아 사는 사람은 결국 그 좋은 새 천년 새 아침을
남에게 보일 자랑거리 만드는 데 힘을 쏟는 것으로 웃음거리 외
에 다른 뜻이 없다.

절을 하는 시간에는

절은 사람이 할 수 있는 행위 가운데서 가장 고귀한 자세의 하나이다. 마음 속의 경허함을 밖으로 행위로써 드러내기 때문이다.

또한 절은 속(俗)스러움에서 성스러움으로 연결하는 하나의 통로입니다. 절을 하는 시간에는 속스러운 생각이 멈추고 성스러운 생각이 꽉 차오른다.

절을 함으로 해서 속스러운 티끌들은 훌훌 털어내고 성스러운 향운(香雲)에 가까이 다가가 그 향운에 젖는다는 사실은 우리 속세 사람들에게 하나의 거룩한 의식이고 '축제' 라고 볼 수 있다.

그런 까닭에 법당에서 정성스레 기도하는 이를 보게 되면 누구라도 이 '축제'에 기꺼이 동참하여 함께 절을 하고 싶은 충동을 문득 느끼게 되는 것이다.

적은 숫자의 경우지만, 절을 하는 '축제'를 벌이고 있는 이의 머리 앞으로 마구 지나가거나 소곤소곤 이야기를 하거나, 말을 거는 등등 방해를 하는 경우가 있다. 절하는 이를 도와주는 일은 그 '축제'를 방해하지 않는 것만으로 충분하다.

다른 이가 엎드려서 절을 하고 있는 장소에서는 조용히 옆으로 돌아가거나 아니면 잠시 기다렸다가 그가 머리를 들고 일어섰을 때 지나가는 것이 예의이다.

　다른 이가 절을 하든 말든 상관하지 않고 휙휙 지나침은 참 낯
부끄러운 일이다.
　우리는 법당 안에서나 어디서나 이 '축제'를 도와주지는 못할
망정 절하는 이를 방해하지는 말아야 할 것이다.

금강경탑다라니를 덮고

사람이 임종을 맞아서 관위에 금강경탑다라니를 덮어 주는데 그럴만한 이유가 있을까? 왕생극락을 비는 행효자 위치에 있는 자녀로서는 사실 물에 빠진 이가 지푸라기라도 잡고 싶은 심정일 것이다.

그 이유는 시왕전(十王殿) 혹은 지장전, 명부전이라는 당호를 단 불당에 모셔진 시왕(十王)에게서 찾아가 볼 수가 있다. 염라대왕은 이 시왕 가운데 한 분으로 재판관이다.

염라대왕의 모습을 좀더 관심있게 살펴보면 다른 아홉 분과 다른 점이 있다. 머리 위에 모자 대신 책 한 권을 얹고 계시는 것이다. 이 책이《금강경(金剛經)》인데 염라대왕이 허물 많은 사바중생을 재판할 때에 소의경전(所依經典)으로 삼고 있다.

사람은 누구나 자기와 유사한 점이 있을 때 호감을 갖는다. 특히 마음으로 통하는 데에는 독서 취향이 같다면 더 많이 친근감을 느끼는게 당연하다. 유유상종(類類相從), 서로 같다는데서 마음이 열린다.

임종을 맞아서는 시간이 촉박하다.《금강경》을 마음에 담아 부처님의 법(法)대로 실천할 시간은 지나가버린 까닭에 다만 몸 위에라도 덮고 가는 최후의 수단, 이게 금강경탑다라니이다.

염라대왕도 엄정한 재판에 임하겠지만 그래도《금강경》을 몸위

에 덮고 간 이를 대할 때에는, 다소나마 '인간적인 애정'으로 잘 살펴봐 주십사, 이런 뜻에서 최후의 정성으로 자녀들이 선망부모를 위해 공을 들이는 것이다.